如何管员工才会听，怎么带员工才愿干

张卉妍 / 著

北京联合出版公司
Beijing United Publishing Co., Ltd.

前言 PREFACE

作为一个团队的管理者，拥有着一种特殊的资源：人。而对这种资源的管理存在着不同的层次。管理得好，它可以取之不尽、用之不竭；管理不好，它也可能一取即尽、一用即竭。那些只知用职权管人，而不知用人格影响人的领导，无论官位有多高、能力有多强、知识有多丰富，都无法取得下属的信任，更别说长期追随了，而一个没有人与之同心同德的领导者，即便有再伟大的理想、再完美的计划，也只能是空中楼阁。相反，成功的领导者具备登高一呼、应者云集的号召力，具备利用各种人才、平衡各种力量的统筹能力，具备“用人长、容人短”“胜不骄，败不馁”的胸怀和气度，具备应对各种困难、各种复杂局面的手段和技巧，他无论在哪里出现，都会成为众人瞩目的焦点，即使他不出声，也能令人毫无保留地对他产生信任感，人们愿意接受他的建议，在突发事件时愿意听从他的指导。这种领袖模范是如此令人着迷，以致多少管理者望之兴叹。

因此，对于管理者来说，用职权管人不是本事，通过人格服人才是本事；颐指气使不是本事，“不令而从”才是本事；用惩罚使人害怕不是本事，凭魅力赢得追随才是本事；自己有本事不是本事，让有本事的人为己所用才是本事。管理是一门学问，是一门艺术，更是一种高深的谋略。你不能因为自己是“官”就对人吆三喝四，又不能与他们称兄道弟失去威严；你既不能疑神疑鬼又不能偏听偏信……超级管理者身上的那种气质和影响力，绝非掌握一些机械的管理方法和技巧就能达到的，而是长期自我修炼的结果。真正有魅力的管理者，站在那儿就是一种无声的号召。

如何管员工才会听，怎么带员工才愿干？作为团队的管理者，你要如何更好地领导下属和管理员工？如何建立优秀的团队？如何做到知人善任、人尽其才？如何实现与下属的无障碍沟通？如何用简单的管理取得大的收获？管理一个团队将面临各种各样的问题和挑战，当你面对这些问题时，你是否会产生困惑或有力不从心之感？是否需要用新的管理知识和技能武装自己的头脑？是否想进一步提升自己的管理技能，以便更好地应对管理过程中出现的各种难题和挑战？作为一名中层领导和普通员工，如何通过自我修炼来提高当前的工作业绩？如何在工作和实践中提升自我？如有一天你被任命为团队的管理者，你知道该做什么，不该做什么吗？如果将你从普通员工提升为中层管理者，你如何走好第一步？你具备管理者的基本素质和能力吗？……

本书针对团队管理者的工作任务，从领导力打造、权力运用、用人之道、激励手段、沟通艺术、晋升之道等方面系统介绍了管理者如何管员工才会听，怎么带员工才愿干，是每一位有心成就卓越的管理者必备的日常管理工具书。全书体系规范、科学，内容全面、实用，为管理者提供了一份全方位的细致周详的工作手册，帮助管理者提高理论水准和管理素养，有效解决各类管理实务问题。

目录 CONTENTS

第三章　树立威望，让员工心悦诚服地跟随

第四章　尺有所短，寸有所长，把人用在恰当的地方

第五章　对员工寄予期望，小草也能长成大树

第六章 响鼓须用重锤，把身边的“庸才”变干将

第七章 来点儿实惠的，让员工摘到“金苹果”

第八章 你体恤下级，下级才会拥戴你

第九章　提供晋升的梯子，员工会自发往上爬

第十章　胡萝卜加大棒，奖励与惩罚并举

第十一章　抓住人性，让不同特点的员工听从指挥

第一章

管人先管己，带人要带心

正人先正己：做员工的榜样

孔子说，假如端正了自己，治理国政有什么困难呢？连自己都不能端正，又如何端正别人？也就是说“欲正人，先正己”。

管理者最大的职责是管人。从人的内心分析，人们永远喜欢管人，而不喜欢被人管，这是每一个人的本性。然而，有一种情况例外，那就是当人从心底佩服某个人时，就不会抵触这个人对其的管理，甚至觉得怎么管都可以，只要下达指令，就一定会努力去做，绝不怠慢。

那么，管理者如何做到让下级心服口服呢？在这个问题上，有一些人总是习惯于向外寻找方式，制定种种制度和规则，以此来达到约束人的目的；而智慧的管理者总是从自身寻找办法：正人先正己，修己以安人，做到十分注重个人修养，时刻严于律己。管理者如果能做到以身作则，端正态度和行为，员工就会效仿。

春秋时期，楚国上下出现了沉湎于享乐之中的不良风气，在解决这个问题的时候，楚庄王在第一时间控制住了自己的欲望，为纠正不良风气做出了表率。

有一次，令尹子佩请楚庄王赴宴，楚庄王很高兴地答应了。于是在那一天，子佩早早就在京台准备了奢华的宴会及表演，可是他左等右等，就是不见楚庄王驾临，甚至一直等到晚上，楚庄王都没有出现。

第二天，子佩拜见楚庄王，并关切地问楚庄王是不是由于身体不适才无法赴宴。楚庄王笑道："子佩不要担心，我身体很好。我之所以没有赴宴，是因为我听说你是在京台摆下的盛宴。"子佩困惑极了，说道："京台是个好地方，很多人都愿意去那里散心。"楚庄王接着说道："我知道京台是个难得的好去处。向南可以看见料山，脚下正对着方皇之水，左面是长江，右边是淮河，这地方十分诱人。"见子佩更加费解，楚庄王又接着说道："如此诱人，你不觉得人到了那里，就会快活得忘记了死的痛苦吗？我是一个德性浅薄的人，承受如此的快乐，我怕自己会沉湎于此，流连忘返，从而耽误治理国家的大事，所以改变初衷，决定不去赴宴。"

贵为一国之君的楚庄王，偶尔消遣一下本无可厚非，可是他能够如此严格地要求自己，克制自己的欲望，身为人臣怎能不感到羞愧呢？自此以后，楚庄王成了朝中榜样，使得全国上下形成了良好的风气。

楚庄王之所以不去京台赴宴，是因为他要从自己做起，克制享乐的欲望，从而改变举国上下的不良风气。正因为他正人先正己、先修己，而后安人的气度，才使得他在登基后，"三年不鸣，一鸣惊人；三年不飞，一飞冲天"，从而成为一个治国有方的君王。如果一个团队想要发展、强大，团队领导者就必须学会向内看，从自己做起。

"己所不欲，勿施于人"，自己都办不到的事，凭什么要求别人做得到？想要别人做得好，首先得自己做得好。要管理好下级，一部分靠权，以权管理，名正言顺，这属于"硬件"；另一部分得靠己，这属于"软件"。一个领导者只有正人之前先修己，才能上行下效，使大家心甘情愿地听你指挥。

管理者要以身作则，做出表率，才能最大限度地信服于员工。只有营造人人平等、公平至上的氛围，才能形成由上至下，凝聚一心的无敌战斗力。

领袖魅力是提升领导力的第一要诀

管理学将管理者的权力分为：职位权、专长权、威望权。具体来说，职位权是法律或公司制度所赋予的，所以有其强制性。专长权来自个人拥有的知识和专业技能，即所谓的“才”。威望权来自个人品质和心理素质以及处世风格，即所谓的“德”。对于基层管理者而言，这三种权力缺一不可，但很多管理者却忽视了威望权的重要性。由于威望权缺乏强制性，它们的影响完全出自组员主动的内心认可，我们常说的领导魅力或领导影响力指的就是威望权。

管理者必须正确认识自己手中的权力结构，职位权可以被别人拿走，而一旦有了威望权，别人是拿不走的，永远属于你自己。因此，通过加强威望权来充实职位权，绝不能够仅仅凭借自己手中的职位权，在那里发号施令。如果忽视自身的威望权，这样的团队管理注定将会遭遇失败。

某纺织厂细纱车间的一名班长李虹最近比较苦闷，这还得从星期一的班组会说起。

星期一班组开例会，本来李虹要带小孩去医院看病，可又怕其他组员也要请假，于是，就动员孩子姥姥带孩子去医院，她坚持到会。没想到，会上大家竟对她提出了一堆意见。

那个平时在班上很活跃的小伟带头发难：“班长啊，你整天催促我们赶任务、夺红旗，可是，我们是人，不是干活机器！现在厂里天天喊要我们提高素质，创学习型团队，我们为什么不能像人家一样，多搞点技术练兵、补习、培训这样的活动？”

李虹当时就有些委屈，她天天叮嘱大家抽空多学习、干活时注意学习其他师傅的绝招绝活，这怎么能说她没有呢？可还没等她辩解，其他人便纷纷冲她说：“就是啊，团队里没点热乎气，抽空搞点文体活动不也挺好吗？”“成立科技攻关小组，搞点小发明、小创造，让大家也出出名啊！”就连平时少言寡语的小于也开了口：“关键是班长在执行规章制度时，有点看人下菜碟，让大家心里好久不舒服……”

一时间，这个自认为兢兢业业的管理者竟然在大家眼里一无是处了，例会都过去好几天了，可是她发觉工友们似乎比过去更难调配、更处处与她为难。她感觉一点权威都没了，往后，这个班长怎么当啊？

其实，李虹没有权威性的主要根源是她缺失了威望权，即缺乏影响力，而影响力又是在日常的管理工作中一点一滴的形成和积累起来的。假如管理者知识超群、经验丰富、能力突出，或者关心下级、处世民主、实事求是，那么他在团队中就有一种实际上的影响力和支配力，职位可能不高，但影响却很大。如果个人影响力小，就得不到团队成员的应有支持和拥护，管理者的管理效果必然会大打折扣。

人与人的交往，常常是影响力之间的较量。不是你影响他，就是他影响你，只有影响力大的人才有可能成为强者，才有可能成功。因此，如何塑造个人影响力、如何通过个人影响力创建一个超级团队，则是今天团队管理者们必须修炼的课程之一。

管理者影响力的形成，在很大程度上取决于自身的良好素质，

如何打造影响力

如何成为一个有影响力的领导呢？要从以下四个方面着手：

出众的协调能力

唐僧就是一个突出的代表人物，他用一种坚定的信念把不同性格、不同才能的三个徒弟凝聚一起，形成一个高效的团队，最终到达西天取得真经。

出众的沟通能力

重要的是要保证沟通的平等性和双向性，让成员能畅所欲言，说出真实的想法。

较好的宣传鼓动能力

团队领导既要重视精神激励又要重视物质激励，两手都要抓，两手都要硬。

出色的决策能力

能够为团队设定共同愿景和目标。一个实际的目标会让整个团队产生强大的创造力。

包括资历、业务水平、品格、知识、才能和情感等诸多方面。要想使管理者具备较强的影响力，就必须努力提高自身的素质。

（1）应该具备良好的思想素质

一个好的管理者应该是一个有着良好品质和政治素养的人，特别是在大是大非面前，应该是一个立场坚定、大公无私、勇于奉献的人。管理者应该具有坚定的政治立场和政治方向，具有较高的政策水平和较强的原则，具有无私奉献的精神和务实的工作态度。这样，在管理者言传身教的影响下，团队才会充满朝气。

（2）应该具备较高的业务素质

管理者要带领好一个团队、搞好工作，必须具备较高的业务素质。作为团队中的“领头羊”，全面掌握各种规程、胜任自己的工作是重中之重，管理者的影响力应该体现在团队的业务水平上，管理者就应该是团队中掌握技能的顶尖人物。这样，在工作中才能取信于民，团队其他成员才会有主心骨。

（3）应该具备较强的能力素质

这里的能力是指管理者应该具有的组织协调能力、团队变革的适应能力、科学的思维能力、较好的宣传鼓动能力、完整的语言表述能力、优良的文字表达能力、解决复杂疑难问题的决策能力、运筹帷幄的决胜能力以及上好的交际能力等。现代团队的管理者绝对不应该“只顾低头拉车，不管抬头看路”，而应该在激烈的竞争中把握好团队的方向盘，适应团队发展的需求，懂得与时俱进。

（4）应该具备良好的心理素质

作为管理者，应具备良好的心理素质，应该有吃苦在前、享受在后，不计较个人得失、以大局为重的品质，不怨天尤人，不斤斤计较，不唯利是图，以高姿态、高品位去影响和感染团队其他成员。

一个管理者有了较高的素质，其影响力就会大大增加。此外，提高管理者的影响力，管理者一定不能脱离群众，要尊重群众、联系群众、团结群众，更要学会服务群众。管理者要学会关心群众，为自己的部下排忧解难，取得他们的信任。在群众面前，要懂得谦虚谨慎，任何时候都不能把自己凌驾于群众之上，否则，他们就不会买你的账，即使你有天大的本事，也无济于事。

提高管理者的影响力是团队发展的需求，是提高团队整体素质，乃至团队整体素质的基础工作，必须给予高度的重视。一个人靠一种精神力量生存和发展，因他的理念决定他的生存状态，而一个团队也是如此。只有那些具有影响力的管理者，才能将团队成员的个人精神融汇成共同的团队精神，这才是一个团队兴旺、发展的开始。

勇于自我反省，不断调整

孔子说："夫仁者，己欲立而立人，己欲达而达人。"这句话的意思是说，仁德的人，只有自己愿意去做的事，才能要求别人去做，只有自己能够做到的事，才能要求别人也做到。

管理者必须具备一定的自省精神。孟子有这样一句话："权，然后知轻重；度，然后知长短。物皆然，心为甚。"意思是说，称完才知道轻重，量完才知道长短。世间万物都是这样，而心灵则更需要反复的衡量，这样才能不断地认识自己、改善自己。

宋代的朱熹说："日省其身，有则改之，无则加勉。"其意皆在反省。反省可以"自知己短"，弥补短处，纠正过失。在古代的先贤那里，反思与自省是一种不可或缺的行为，它应时刻伴随身旁，不断地对自己的灵魂进行拷问。

有一天，原一平来到东京附近的一座寺庙推销保险。他口若悬河地向一位老和尚介绍投保的好处。老和尚一言不发，很有耐心地听他把话讲完，然后以平静的语气说："听了你的介绍之后，丝毫引不起我的投保兴趣。年轻人，先努力去改造自己吧！""改造自己？"原一平大吃一惊。"是的，你可以去诚恳地请教你的投保户，请他们帮助你改造自己。我看你有慧根，倘若你按照我的话去做，他日必有所成。"

从寺庙里出来，原一平一路想着老和尚的话，若有所悟。接下来，他组织了专门针对自己的"批评会"，请同事或客户吃饭，目的是让他们指出自己的缺点。

原一平把大家的看法一一记录下来。通过一次次的"批评会"，他把自己身上的劣根性一点点消除了。

与此同时，他总结出了含义不同的39种笑容，并一一列出各种笑容要表达的心情与意义，然后对着镜子反复练习。

他像一条成长的蚕，悄悄地蜕变。最终，他成功了，并被日本国民誉为"练出价值百万美金笑容的小个子"，且被美国著名作家奥格·曼狄诺称为"世界上最伟大的推销员"。

"我们这一代最伟大的发现是，人类可以由改变自己而改变命运。"原一平用自己的行动印证了这句话。也许你不能改变别人、改变世界，但你可以改变自己。幸福、成功，从改变自己开始。

要让结果改变，首先要改变自己；要让结果更好的话，自己必须变得更好。我们成功和进步的关键就在于，改变自己、完善自我。

以下是提高管理者应对变化的技巧。

（1）花点时间考虑考虑你的核心价值观和人生使命

一种目标感对于成功和效力来说是必要的，而那些不清楚自己在干什么和为什么这么做的人，在面对变化时，就没有前进的基础。

（2）要坚持

成功通常和天生的不屈不挠有很大关系。当你清楚你的价值观时，当你有能力在目标的基础上发展时，坚持是唯一的可能。在变化面前，成功的人会继续前进，并找到新的创造性的方法来获取肯定的结果。

（3）要灵活和富有创造性

坚持并不是说用力量来获得。如果你用一种方法不能成功时，试试另一种，然后再换一种。找到更多创造性的解决方法并有新意地处理问题。

（4）跳出框框思考

广泛阅读，不要把自己局限在擅长的领域。试着从你的生活中那些明显不同的地方找出联系。

（5）接受不确定性并持乐观态度

生活本质上是不确定的，所以不要在预测未来上耗费你的能量。在所有可能的结果里，注重最有把握的一个。

（6）看到大局势

变化是不可避免的，要随时保持判断。

感情投资：用心比用钱回报更高

法国团队界有句名言：“爱你的员工吧，他会百倍地爱你的团队。”管理者与员工处于天然的“对立”关系，优秀的团队家悟出了“爱员工，团队才会被员工所爱”的道理，因而采取软管理的办法，从而创造了“和谐团队”。而这种软管理，就是采用情感管理。

情感管理在现代管理中占据了重要的地位。所谓的情感管理，强调管理者应该重视对下级的感情培养，任何时候都不要存心去管人，任何时候都不能忽视人的情绪。

薪资丰厚，员工却诸多抱怨，即使离开了公司，还在不停地数落公司和管理者的“罪状”，相信不少领导者都会遭遇这样的情况。你除了在心里数落这些“白眼狼”，只能慨叹“人心不古”了。事实果真如此吗?

我们同样能发现，薪资水平不丰厚，但员工队伍稳定，对公司满意度很高，员工即使离开了公司，也会时常感念原有团队的“好”。

这两种局面形成的主要原因之一，就是管理者是否重视情感管理，是否对员工进行了感情培养。在马斯诺的需要层次理论中，人不仅具有低层次的生存、安全等需要，同样具有情感方面的需要。

关注人的情绪，关心员工的心理，这在著名的“霍桑试验”中就已经表明，员工的工作绩效很大程度上与人文关怀有关。在团队内部建立“关怀”文化，有助于使员工的情绪保持在较为理想的水平上面，提高工作效率，从而提高工作业绩。

中国人的感情取向与文化传统，决定了感情因素在团队管理中的重要位置。作为一名管理者，要想让下级理解、尊重并支持自己，就必须学会关心、爱护他们，对员工进行感情投资。让下级与自己的心贴得更近，才能使他们更加拥戴和支持自己的工作，才能使他们对工作尽心尽力，才能最终利于管理。

如何让员工从日常工作中感到温暖

1. 当员工顺利完成工作，取得较大成绩时

表扬员工，说上几句贴心的话语，表示出对员工的理解，并鼓励员工以后好好干。

2. 当员工在工作中碰到困难时

无论做什么工作，都会碰到一些难题。这时，管理者就应该表示理解和支持，而不是批评和嘲讽。

3. 当员工提出创意，勇于表达自己的不同意见时

应该进行鼓励，无论他的看法是否正确、是否可行，你都应该对其具有的勇气和精神表示认同，并给予鼓励。

日本麦当劳的社长藤田田在所著畅销书《我是最会赚钱的人物》中，将他的所有投资分类研究回报率，发现情感管理所获得的回报率最高。

藤田田对员工非常关心，他每年支付巨资给医院，作为保留病床的基金，当职工或家属生病、发生意外时，便可立刻住院接受治疗，避免了在多次转院途中因来不及施救而丧命的事情发生。有人问藤田田，如果他的员工几年不生病，那这笔钱岂不是白花了？藤田田回答："只要能让职工安心工作，对麦当劳来说就不吃亏。"藤田田还有一项创举，就是把从业人员的生日定为个人的公休日，让每位职工在自己生日当天和家人一同庆祝。藤田田的信条是：为职工多花一点钱进行感情投资，绝对值得。感情投资花费不多，但换来员工的积极性产生的巨大创造力，是任何一项投资都无法比拟的。

如今不少管理者通过对员工的关怀，来作为管理的一种辅助手段。为员工搞福利，为员工过生日，当员工结婚、晋升、生子、乔迁、获奖之际，如果会受到领导的特别祝贺，再铁石心肠的员工一定也会对团队忠心耿耿。

管理者能在许多看似细小的事情上关怀成员，这种关心表现在成员的工作上、相互交往上，也表现在生活上，比如在生病时的嘘寒问暖、为员工组织定期的体检、在成员逆境时的鼓励等。

作为一个管理者，要想让下级理解、尊重、信任并支持你，首先你应懂得怎样理解、信任、关心和爱护员工。任何时候，管理者都不能做一个"铁面无私"的人，尤其在生活方面要通一点人情，对员工多一些情感管理，那么团队中将会出现亲切、和谐、融洽的气氛，内耗就会减少，凝聚力和向心力就会大大增强。

要注重感情投资，重视情感管理，管理者需要重点做到以下两方面：

（1）帮助员工解决生活需要

管理者关心员工，应该首先关注员工所关心的事，如果一个人整天为生活而发愁，你想让他专心做好工作是很困难的。

而身为管理者，如果在能力所及的范围内多为下级解决生活问题，他就会感受到你的体贴，愿意长期为你付出更多的劳动。因此，为下级提供安定的生活保障，这是赢得下级尊敬与喜爱的有效方式。

（2）让员工感受温暖

在平常工作中，领导要让下级尽量感受到管理者的关心和爱护。要做到这一点，领导就必须了解每个下级的名字、家庭状况，适时给予他们问候，让他们感受到关心和重视。管理者可以在特殊时间给下级带来不一样的关怀。例如借助下级的生日、工作周年纪念日、调动、升迁以及其他重要的事情，你可以说几句赞美的话，让下级感受到你的关怀。

当然，人性管理应该是一种自觉的、一贯的行为，不要只作表面文章，不能摆花架子。这样才能让下级感受到你的真诚，才能赢得他们的信赖。“路遥知马力，日久见人心”，作为管理者，如果能长期与下级平等相待，以诚相见，感情相通，必定能吸引和留住那些优秀的员工，并激发他们努力工作。

“亲民”“爱民”，少摆架子

如果一个人要领导一个团队，需要准备一定的资源条件，比如资金、人才、办公地、技术，等等，但是仅有这些还是不够的，还需要赢得人心，让一批人才心甘情愿地追随你。

“仁爱”即对人宽容慈爱，爱护、同情的感情，在管理过程中是指管理者对员工给予尊重、激励、同情以及悉心的爱护的一种情感投入方式，它是赢得下级的最为有效的方法之一。

孔子非常推崇“仁爱”，《论语》中对“仁”的论述也非常多。孔子认为“仁”是完美人格标准的基础，一个人即使非常有才能，但是人格中没有“仁”的存在，也无法成就大事，或者空守着财富与权势，却可能众叛亲离，落得孤家寡人。孔子所说的“仁爱”，对团队管理同样重要。

优秀团队的管理能取得实效，都不是用金钱激励出来的，而是靠管理者的“仁爱”之心激发出来的。

当管理者心存仁爱之心的时候，就会不自觉地积极地创造条件让员工的心理需求得到满足，这时候，员工的思想认识也会得到升华，愿意以实际行动为团队添砖加瓦。管理者都应该培养起自己的“仁爱”之心。

名扬四海的“海底捞”你为什么做不到？其中的一个奥秘恐怕就是在团队管理中的“仁爱”体现在团队经营管理的过程中。

在海底捞，新员工到店后享受非凡的“礼遇”。因为店里从店长到每一个普通员工，都是在“接待”新员工，并且是“隆重接待”。

在经历培训后，新员工分配到各店，首先由店长亲自接待。店长会告诉新员工一些重要的注意事项，然后带新员工吃饭，店长作自我介绍，然后列举若干榜样，激励新员工好好干。店长之后，大堂经理、后堂经理以及实习店长、实习经理会轮流接待新员工。他们都留下自己的手机号码，让新员工有困难跟他们说。

新员工进入到这样的环境中，任何人都会感受到团队的浓浓暖意。

给予新员工优待，新员工提前下班，单独吃饭。新员工的下班时间要比正常下班早一两个小时。接待经理会亲自通知新员工下班，并且亲自搬桌子、凳子，亲自摆碗筷，亲自给新员工打饭。新员工的这种待遇大概会持续四五天至一周。因此，接待新员工并给予优待是店长及经理们的常规工作。

在海底捞，每个师傅都会拉着徒弟的手坐到自己身边，大家都会报以热烈的掌声。店长也会很郑重地告诉师傅们，要在业务和生活上关心徒弟，徒弟的发展就是他们的发展，徒弟没有进步就是他们的失职。

然后，对新员工有跟踪调查。调查的对象是新员工，但内容却是针对其他人。比如店长有没有在第一时间接待，经理们有没有安排好生活，领班有没有讲解店里的情况，师傅有没有认真带你。还有吃得习惯不习惯，住的舒不舒服之类。

新员工在新来的几天里，全方位感受到团队的温暖。而一个月以后就习惯了，就融入这个团体了。

“仁爱”思想是团队管理者必须具有的基本道德素质，是实现团队宗旨的有效价值选择。

从团队管理的角度来说，一个管理者同样必须具备一颗仁爱之心，才能在所有的管理过程中，体现出对每个人的平等、公正和尊重。

在许多时候，一个管理者如果严格按制度办事，那么很容易被部下误解为“冷血”，管理者需要在坚持制度的前提下，对下级多一些“仁爱”之心。

对于团队管理者来说，最大的仁爱是要在规章制度和管理方式上体现对所有职工的仁爱之心，不能制定缺乏人道和缺乏公正的规章制度，也不能采取缺乏人道和缺乏公正的管理方式，这才是真正体现一个管理者或一个团队的仁爱之心的根本之道。

让管理者既能拥有一颗仁爱之心，又能充分维护团队规章制度的严肃性，是考验每个管理者的一道难题，也是检验管理者水平高低的一个重要标准。优秀的管理者往往能处理好这个难题，在坚持制度化管理的同时还能让员工感受他的仁爱之心。

发现需求，让员工感到温暖

管理者的管理工作最终要落实到“管人”上，而人毕竟不同于机器，每个人都有其个性、思想，管理者不仅要关注工作，也要把视角放到关心员工生活方面，实现人性化管理。

某些领导者平时喜欢对下级嘘寒问暖，一旦下级的工作遇到了瓶颈或挫折，就只有责备与批评。殊不知，这正如在光线充足的地方，一盏灯的亮光算不了什么，而在一个伸手不见五指的黑夜，一盏微弱的灯光更能让受益者得到万分的惊喜。人在最难熬的时候，得到一丝关爱的阳光，比得意的时候得到的那些阳光温暖十倍。

当下级真正需要关心时，花一点精力来关心员工的生活，花一点时间跟员工沟通，与反复地责备员工相比，更有助于解决问题。管理者要设身处地为下级着想，关注员工的生活，以解决员工的后顾之忧，让员工感受到关心，这样才能使其努力工作。

有一天，一个急得嘴角起泡的青年找到领导，说是妻子和儿子因为家乡房屋拆迁而失去了住处，要请假回家安排一下。因为当时业务很忙，人手较少，领导不想放他走，就说了一通“个人的事再大也是小事，集体的事再小也是大事”之类的道理来安慰他，让他安心工作，不料这位青年被气哭了。他气愤地说：“在你们眼里是小事，可在我是天大的事。我妻儿都没住处了，你还让我安心工作？”领导被这番话震住了。他立刻向这位下级道了歉，不但准了他的假，还亲自帮忙解决了下级的住处问题。

关心下级疾苦，就是要站在下级的角度，急下级之所急，解决下级的后顾之忧，这个道理是适用于任何组织的。一个优秀的上司，不仅要主动关心下级，更要善于通过替下级排忧解难来唤起他内在的工作主动性，要替他解决后顾之忧，让他的生活安稳下来，集中精力，全力以赴地投入到工作上。

管理者对下级的关心不能只停留在工作上，下级的生活区域、情感地带也应获得关照。领导的关怀能激发员工的工作热情，让员工精力充沛。

当然，领导者首先不能在困难面前退缩、放弃，而要对解决困难充满信心，并用这种必胜的信念去感染下级。好比，在几匹马拉着重物爬不动坡的时候，车把式这时候与其使劲地鞭打马，倒不如让马休息一下，再喂点草料，让它们养足精神，然后一齐发力，冲上坡顶。领导者最需要重视的是团队中的中坚分子。如果能够从生活上关心他们，激起他们战胜困难的情绪。这部分人的情绪就会感染大家，使整个集体斗志昂扬。一旦整个团队的精神被激活，在最困难的时候，也成了团队最能爆发力量的时候，胜利的曙光就在眼前了。

领导要让员工感受到关心，就有必要时常与下级谈心，关心他们的生活状况，对生活较为困难的下级的个人和家庭情况要心中有数，要随时了解下级的情况，要解决下级的后顾之忧。

第二章

造一个愿景，带领员工为梦想而努力

“梦”：团队愿景的力量

马丁·路德·金在林肯纪念堂前发表的著名演说《我有一个梦想》，为千千万万呼唤种族平等的人们构建了美好的愿景，引导和激励无数的人为这个梦想而奋斗；比尔·盖茨从在车库里敲打 basic 语言开始起步，但他坚信能让每家每户的每张桌子上都有一台个人电脑，20 年的时间，他带领微软成为互联网的霸主。

这就是愿景的力量。愿，就是心愿；景，就是景象。这个景象存在脑海里，是看不到的。愿景是个人在脑海中所持有的意象或景象，团队愿景就是团队所有成员所共有的意象或景象。对于一个团队而言，团队愿景是这个团队为之奋斗所希望达到的目标，愿景就像灯塔一样，始终为团队成员指明前进的方向，鼓舞和激励着所有人为共同的目标而奋斗。

管理者作为团队的领头人，必须学会用愿景引导团队。一个团队有了自己的愿景，就会对员工具有吸引力，就会让员工产生认同感。在追求团队愿景的过程中，员工相信他们所做的事是值得的，如果他们相信自己能够实现团队的“梦想”，进而实现自己的“梦想”，那么他们一定会认同企业，并且积极努力地行动。

稻盛和夫创办日本京都制陶公司之后，业务发展非常迅速。在迅猛发展的过程中，稻盛和夫经常要求年轻的员工每天要加班到深夜，即使星期天也不休息。慢慢地，一种不满的情绪在员工中间蔓延。一次加班之后，一群员工决定用强硬的手段向公司提出要求，并以集体辞职相威胁，提出了诸如加薪、增加奖金的要求。稻盛和夫经历了创业以来的一次大危机，虽然他没有同意他们的要求，但是此后却花费了三天三夜做说服工作，才使得这批人留了下来。

京瓷公司发展过程中的这个插曲深深地刺激了稻盛和夫，他陷入了痛苦的思考：“本来以为创立京都制陶是为了让我的技术闻名于世，现在看来，应该还有更为重要的事情。公司究竟是什么？公司的目的和信念是什么？要争取什么？”在思索的过程中，他渐渐明白：“让技术闻名于世其实是低层次的价值观，是次要的事情……经营公司的目的是为全体员工谋求物质和精神方面的幸福，为人类社会的进步贡献力量。”

从此以后，“为全体员工谋幸福，为社会发展贡献力量”成为京都制陶公司的追求目标，也成为公司发展的愿景。企业发展越来越大，员工的忠诚度也越来越高。

作为团队的领头人，要告诉员工，他们是什么？他们为什么？他们干什么？愿景要让员工能够和企业一起分享对未来的憧憬，让员工对未来有更深的期待，让员工获得一种强大的生命意义感。

好的愿景所起到的作用不仅如此，它宛如一个宏伟的目标，也会给人以压力和挑战。有没有共同愿景对于员工来说，绝不是表面微小的差别。员工的奉献精神和奋斗动力，与组织的共同愿景息息相关。如果没有共同愿景，那么员工连真正遵从指令都很难做到，更遑论为团队奉献了。

愿景能凝聚起团队中每个人的力量，使人产生一体感。当团队遭受混乱和阻力时，愿景能够引导团队继续遵循正确的路径前进。随着团队的发展，愿景会变得越来越重要，没有什么比一种清晰的愿景更能吸引人的了。

愿景对于一个团队来说具有神奇的力量，因为它并不只是一个想法，它是人们心中一股催人奋进的力量。它能感召一群人，让这群人为之奋斗。

建立团队愿景不是一蹴而就的工程，它的建立和完善需要细致的工作和漫长的过程。但是，梦想必须建立在现实的基础上，没有现实支撑的愿景往往成为水中月、镜中花。

愿景作为一种未来的景象，产生于领导者思维的前瞻性。如果管理者希望其他人能加入到团队的共同前进路径中，他必须知道要带领团队往何处去。有前瞻性并不意味着要先知先觉，而是要脚踏实地地确定一个企业的前进目标。愿景能激励企业一步步迈向未来。

每个优秀的管理者都应具备为团队“造梦”的能力，当一个梦想足够强大，会提高跟随者们的能动性、进步性、创造性，进而去构建一座此岸到彼岸的桥梁。

让个人目标融入团队愿景

团队愿景是一个团队努力奋斗希望达到的目标，它不仅是企业发展的方向，也是所有员工努力的目标，更是整个企业奋斗的动力。有时，我们在进行打造成功团队时，可能觉得为团队确定愿景还是相对比较容易的，但要将团队愿景灌输给团队成员并取得共识，可能就不是那么容易的事情了。

在一个团队的发展征程中，团队的愿景就担当帆船的领航作用，它直接影响着团队这艘船的航行速度和航行距离。但若单单有船帆，掌握好了方向，而船身行驶得太慢，团队也无法在市场的海洋中乘风破浪。如何让团队运转跟得上团队目标，还需要船帆的配合才行。如何配合？就是将员工的个人目标融入团队愿景。

一个团队要想做到可持续发展，不仅要树立正确的发展目标，更需要员工能与团队同心同德，方向一致。比如，几匹马拉一辆车行驶，如果几匹马朝着不同的方向前进，这辆车根本就不会前进；如果步调不一致，还会导致马倒车翻。而当所有的马朝着一个方向，步调一致地奔跑时，这辆车才能快速地前进。

管理者要设法将员工个人目标融入团队目标，使个人将注意力投向公司及部门的整体业绩，而不是自己的报酬和升迁。

团队成员会存在各自不同的观点，但为了追求团队的共同愿景，需要各个成员求同存异并对大家的共同目标有深刻的一致性理解，如何做到这一点，对于管理者而言并不是轻松容易的事。管理者希望员工能够敬业和服从，把团队的未来当成是自己的未来；对于员工而言，他们希望得到更多的回报，满足生活的需要，实现个人的价值。但是，管理者可以引导员工个人的目标融入团队发展的愿景中。

西点军校培养学员将个人目标融入团队目标，这是西点军校在学员训练方面的重要内容。

在西点军校巴克纳野战营，经常举行一个活动，让各组学员在几个小时之内完成组合桥梁的任务。

值得说明的是，这种活动用的组合桥，每一块桥面和梁柱都有几百公斤重，要抬起一块桥面，似乎是不可能的事。

于是教官启发大家，在战场上搭建这类的组合桥多半都有具

将个人目标与团队目标相连

只有把个人的力量融入群体的力量之中，才能获得强大的力量；只有将个人目标融入团队目标，才能达到 1+1>2 的效果。

培养员工对团队的归属感，让员工热爱上团队。只有每个员工都能强烈感受到自己是团队当中的一分子，他们才能把个人工作和团队目标联系在一起。

作为员工，其他员工遇到了问题，虽然不属于你直接负责的范畴，但只要和公司相关，就一定要尽自己最大的能力去协助、去帮忙，而不是事不关己高高挂起。

个人利益服从团队利益。为实现团队目标，个人需要放弃自己的一部分利益。员工要围绕团队共同的目标去奉献自我，并获取个人所得，分享荣誉。

体、迫切的目标，或是恢复重要物资的运输，或是逃避敌人的追击，或是进攻歼灭敌人，这个时候，桥面能否搭起来就是一个生死攸关的事情。

这个时候，同一组的学员们建立了一个共同的目标：一起搭好桥，不仅是为了集体荣誉感，也是出于战场上紧急情况的迫切感。

于是学员们把个人目标融入了团体目标，真的发挥出了最大的潜力搭好了桥。要是没有这样的生死攸关的共同目标，要激发学员的潜力，合力搬起三四百公斤的大桥墩，并不是很容易的事情。

对团队而言，一个人的成功不是真正的成功，团队整体的成功才是最大的成功。管理者应当引导个人的目标融入到团队的愿景中。

在许多国际知名企业中，比如通用电气、宝洁等，当一批新的员工入职后，他们都需要接受相当长的一段时间的培训，并且在一段时间后还会不断地强化公司的理念。其目的就是让员工随时清楚地知道自己目前所处的位置，并且随时检查自己是否与企业的目标一致。

“能够将个人目标融入公司目标”已成为企业在招聘员工时，衡量其素质的重要指标。一个人不能把自己的个人目标融入公司的目标，很难受到管理者的青睐。

员工也应该把个人目标融入到公司愿景，这样可以充分地利用团队的力量，提高自己的工作效率。那些只工作不合作，宁肯一头扎进自己的工作之中，也不愿与同事有密切交流的人，最后收获的只有低绩效的工作。很可能他们自己费了九牛二虎之力才取得工作上的突破，而通过团队的共同努力会很容易实现。只顾着个人目标，忽视将个人目标融入团队目标，很多心血很可能会白白浪费。

吴华大学毕业应聘到某公司上班。上班的第一天，他的上司就分配给他一项任务：为一家知名企业做一个广告策划案。

既然是上司亲自交代的，吴华不敢怠慢，就埋头认认真真地做了起来。他不言不语，一个人费劲地摸索了半个月，还是没有眉目。显然，这是一项让他难以独立完成的工作。但是，吴华没有去寻求合作，也没有请教同事和上司，只是一个人蛮干，甚至忽略了客户的时间要求。最后，他没有拿出一个合格的方案来。

吴华没有将自己的目标融入到团队发展中，结果导致了失败。组织目标与个人目标融合，目的是促使组织成员更加出色高效地完成自己的工作，促使团队更加高效地运转。一旦团队成员的思想统一到组织的整体思想体系中，团队成员认同组织的目标，把个人目标和团队愿景牢牢地结合在一起，那么，工作也就不会走弯路了。

同样的工作内容和方式，融入了团队愿景，带给他们的是心态上、精神上的巨大改变，原本平凡单调的工作升华为精致的服务。

当员工的目标与企业的目标保持高度一致时，管理者自然无须为他们是否会努力工作而发愁。作为一个管理者，需要将团队与员工的共同目标结合起来，这样才能激发员工最大的积极性和工作动力。

为员工指明前进的方向

在打造成功团队的过程中，有人做过一个调查，问团队成员最需要团队领导做什么，70% 以上的人回答：希望团队领导指明目标或方向；而问团队领导最需要团队成员做什么，几乎 80% 的人回答——希望团队成员朝着目标前进。从这里可以看出，目标在打造成功团队过程中的重要性，它是团队所有人都非常关心的事情。

值得关注的是，团队中并非每个人都有目标和方向，有很多人并不知道自己需要什么，不知道内心真正的追求。这让人不得不想起毛毛虫的故事。

法国博物学家让·亨利·法布尔做了一项研究，他研究某种毛虫的习性。这些毛虫在树上排成长长的队伍前进，有一条带头，其余的跟着向前爬。法布尔把一组毛虫放在一个大花盆的边上，使它们首尾相接，排成一个圆形。这些毛虫开始动了，像一个长长的游行队伍，没有头，也没有尾。法布尔在毛虫队伍旁边摆了一些食物。但这些毛虫要想吃到食物就必须解散队伍，不再一条接一条前进。

法布尔预料，毛虫最终会厌倦这种毫无用处的爬行，而转向食物，可是毛虫没有这样做。出于纯粹的本能，毛虫围着花盆边一直以同样的速度爬行了七天七夜，它们一直爬到饿死为止。

一个重视目标管理的管理者，清楚自己和自己的团队该往哪一个方向走，并能在工作中不断地带领员工实现既定的目标，朝更远的方向发展。管理者帮助员工指明前进的方向，也是一件很重要的事情。如果员工在工作中不能实现目标，对其自身、对管理者、对整个企业都会造成影响，甚至会让企业付出代价。

管理者要对员工负责，帮助每个员工实现他个人的目标。团队的成员有没有自己的前进方向，关系到他们对工作投入的热情与兴趣。如果他们的个人目标不能逐步实现，他们有理由对自己和企业的未来表示怀疑。

担任项目经理的第三个月，小陈突然发现自己这个经理相当失败：办公桌上散乱地堆放着文件，自己每天忙得焦头烂额，但进度表上显示的全是无法预期完成的工作，整个团队陷入了深深的困境。

症结究竟在哪儿呢？小陈找到团队中的几个骨干，与他们共同讨论。结果令他大吃一惊，每个人似乎都有自己的想法，然而每个人的想法又似乎很不成熟，讨论会变成了一场争吵会。小陈发现了问题的所在，他说："我觉得我们最大的问题，是想法不统一。我们必须找到团队的共同目标，再依照这个目标将每个人的目标细化。"大家对小陈的建议表示赞同。半个小时后，他们确定了本月内必须完成的项目目标，并迅速进行了分工。

仅仅半个月，小陈就带领团队顺利完成了当初制订的项目计划。

管理者为员工指明个人的奋斗目标，是建立在团队目标的基础之上。基于此，管理者为员工指明了前进的方向，员工就能在执行的过程中体现自己的积极性和创造性，最终实现团队的目标。这样一来，既实现了团队的目标，也确保了员工的目标，员工因此而充满干劲，继续为团队的发展奉献自己的力量。

当把任务目标安排给员工，让他们去努力完成，是不是就意味着管理者自己自此就高枕无忧，等着收获就行了呢？自然不是这样。一个优秀的管理者，一定要注意非常重要的两个环节：一个是为员工指明目标，另一个便是为员工的工作提供协助。

为员工指出前进的方向，首先需要管理者帮员工认清自己的目标。目标不能只是由管理者个人制定，而应该由管理者和员工共同拟定，至少要让员工明白自己努力的具体目标是什么。

有些管理者在分派完任务后，便忽视了对员工工作情况的关注，结果导致他们中有的人在错误的道路上越走越远，离目标也就越来越远。这就要求管理者对员工的执行过程进行一定的控制。

让梦想变得现实可行

一个团队能走多远，能取得怎样的业绩和成就，很大程度上取决于管理者的梦想有多大。优秀的企业管理者大多具备一些共同特点：建立在现实基础上的梦想是他们自己乃至团队奋进的不竭动力。

很多人不能说没有梦想，但他们抱着无所谓的态度去工作和生活。他们看起来努力工作，勤奋学习，但他们自己却不知道团队的愿景和自己的目标，因而他们的行动大部分是盲目的，他们的努力多半也成了无用功。

一个成功梦想的树立会使人的天赋得到充分的发挥，使心中的激情喷薄而出，推动着自己马不停蹄地向梦想迈进。如果梦想建立在不切实际的基础上，还不如没有梦想，因为这种梦想并不能起到激励和引导的作用，只能让自己漫无目的地四处游荡，做事拖沓低效。

许多优秀的企业家在刚开始创业时条件艰苦，却总能凝聚起优秀的人才集聚在自己的周围，而这种魅力的源泉来自追随者们相信团队的梦想终能实现。

百度刚刚创建的时候，工作、生活条件非常简陋，作为只有几名员工、在业内没有任何名气和地位的初创公司，在各种条件都非常艰苦的创业初期，该如何搭建团队，吸引人才？李彦宏所做的是给员工描绘美好的理想和远大的抱负，让员工相信在这个公司大有可为。胸怀远大理想，有执着追求、乐于艰苦创业的人才能走到一起，并且最终成就了今天的百度公司。

每个团队都应树立自己的目标，在不同的发展阶段，设定的目标也是不一样的。管理者首先要从明确企业的发展目标入手，不然极有可能带领企业走入迷途。但是，脱离实际发展的梦想容易让员工失望，唯有让员工相信企业的目标，才能最终提升团队效率。

实实在在的梦想，对员工而言，就是实实在在的看得见的目标。人们都有这样的生活经验：给你一个看得见的靶子，你一步一个脚印去实现这些目标，你就会有成就感，就会更加信心百倍，向高峰挺进。

1952 年 7 月 4 日清晨，世界著名的游泳好手弗洛伦丝·查德威克从卡德林那岛游向加利福尼亚海滩。她的想法并非不切实际，她曾经横渡过英吉利海峡，如果这次她成功了，她会因此再创一项纪录。

这天的雾非常大，连护送的船只她都看不见。时间一小时一小时地过去，当她在冰冷的海水里泡了 15 个小时后，远方仍旧是雾霭茫茫，查德威克感到难以坚持，她再也游不动了。艇上的人们劝她不要向失败低头，要她再坚持一下。浓雾使她难以看到海岸，她不知道自己的目标还有多远。最后，冷得发抖、浑身湿淋

制定团队目标应避免的问题

制定团队目标时，除了知道如何制定目标，还要尽量避免以下几个问题：

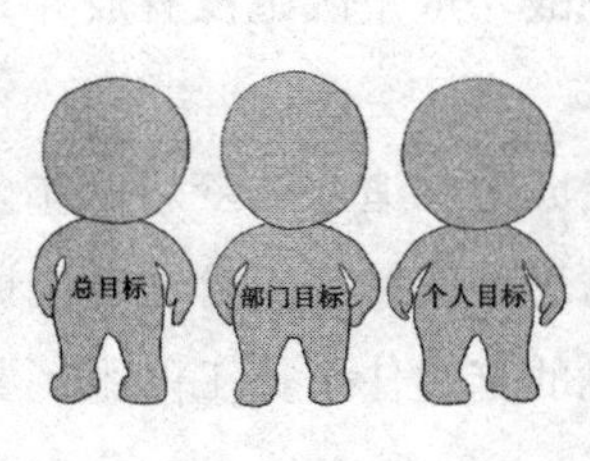

制定目标要多元化

多元化有三种方式：个人目标、部门目标、总目标。这是目标设定主体的多元化。所以，制定目标时，要充分保护设定主体的利益，才能调动工作积极性，实现总目标。

制定目标要体系化

目标应纵向地设定。每一个人的目标，是为了达成上级的目标而存在。如果没有上级的目标，无从设定个人的目标。

不要保密，目标定出来了以后，一定要通过各种渠道：会议、个别沟通、张贴公告等让所有的成员都知道，并进而内化为自己的工作动力。

淋的查德威克被拉上了小艇。

在这次挑战失败之后，她总结说，如果当时她能看到陆地，她就一定能坚持游到终点。事实上，妨碍她成功的是一眼望不到边的大雾，因为无法确定具体的目标。

两个月后，查德威克又一次挑战。这一次她没有放弃，终于一口气游到了美国西海岸。

梦想要看得见、够得着，才能成为可追求的梦想，才会形成动力，帮助人们向着梦想获得自己想要的结果。管理者应该得到这样的启示：千万不要让形形色色的雾迷住了员工的眼，要让你的员工相信你的梦想。

作为一个管理者，让员工能够明确团队的愿景和自己的梦想都是可实现的，就能让员工最大限度地发挥他们的能力。很多时候，员工没有工作的动力，显得懒散无力，并不是他们不想努力，而是缺乏明确具体的梦想，让他们没了奋斗的方向，不知从何处着手。

只有定下实实在在的目标，并制订相应的行动方案，在不断的实践过程中慢慢地接近目标，才能有助于员工理解企业的期望，并获取自身发展的动力，克服一切困难，最终取得成功。

具体说来，作为管理者，如何让自己的梦想和目标变得现实可行呢？以下几个步骤可以借鉴：

（1）Specific：要具体

“做一个优秀的员工”，不是一个具体的目标。“学习更多管理知识”更具体一些，但是还是不够具体。“学习更多财务管理知识”又更具体了一些，但是还不够具体。怎样才具体，要加上第二点：measurable。

（2）Measurable：要可衡量

而要可衡量，往往需要有数字，把目标定量化。“读三本财务管理的经典著作”就更具体了，因为它有数字，可衡量。

（3）Actionable：要化为行动

“做一个优秀的员工”不是行动，“读三本财务管理的经典著作”是行动。但是，实际上“读”还只能算是一个比较模糊的行动。怎样才算读？读了10页算不算读？匆匆翻了一遍算不算读？所以，还可以继续细化为更具体、更可衡量的行动，“读三本财务管理的经典著作，并就收获和体会写出三篇读书笔记”。

（4）Realistic：要现实

如果你从来没有学习过财务管理的相关知识，或者从来没有写过任何一篇读书笔记，那么上面的目标对你不现实。如果你是个刚接触财务知识的基层领导，现实的目标应该是先读三篇财务管理的文章。

（5）Time-limited：要有时间限制

多长时间内读完三本书？根据你的实际情况，可以是三个月，可以是六个月。因此，加上时间限制后，这个目标最后可能变成：“在未来三个月内，读三本财务管理的经典著作（每月一本），并就收获和体会写出三篇读书笔记（每月一篇）。”

使员工相信梦想并为之努力

在这个世界上有这样一个现象，那就是没有梦想的人在为有梦想的人达成目标。因为没有梦想的人就好像没有罗盘的船只，不知道前进的方向；有明确、具体的梦想的人就好像有罗盘的船只一样，有明确的方向。在茫茫大海上，没有方向的船只只有跟随着有方向的船只航行。

优秀者之所以成功的路径较之旁人更为便捷，因为他们总能找到“直线”的捷径。在努力的过程中，将预定完成的梦想作为行动方向，让他们少走了很多弯路。

管理者在行动前，就要坚定尽最大努力让员工相信梦想并为之努力。树立必胜的决心，在结果面前必须要有“一定要赢”的心态，也是团队获得重生的最强大的原始动力。团队在管理者的带领下能够走多远，在某种程度上取决于管理者。目光远大的管理者从全局出发，制定出远大的目标，让员工能看得见、够得着，激励员工勤奋努力，从而引领企业向更高远的方向发展。

沃尔玛帝国的创始人山姆·沃尔顿为人们做出了榜样。这个商业帝国得益于他的梦想——他要为下层人们服务的梦想改变了这个世界。他当时的梦想很简单，就是希望帮助美国小镇和乡村居民过上跟大城市居民一样质量的生活。在当时，人们都忙于在市里开店，因为在小乡村开店不能挣到钱。然而，基于这样的理想，沃尔玛把超市开在了乡村，他成功了。如果没有这样伟大的初衷，他的企业就不会发展到今天的规模。但凡取得成功的人，都有一个伟大的梦想。只有伟大的梦想，才能激起无穷的力量，才能创造广阔的舞台。

作为管理者，一定要设法让员工相信梦想，唯有如此，才能形成奋斗的动力。目标设置脱离了实际便成了荒诞，让员工无法接受。像这样的目标，超过了企业的现状和员工的实际能力，只会引起团队的涣散。

下班之前，看到公司内部网上关于本部门的业绩公告后，部门同事瞬间就炸开了锅。小胡把自己桌上的文件一摔，站起身来说：“1000万元的单子，他以为自己是神仙啊？他定这么高的目标讨好老总，完不成挨罚的还是我们。”

“事先也不跟我们说一下，把这么高的业绩指标抛给我们，我们哪有这么大的本事。”小刘也在愤愤不平。

我们部门这么几个人这个季度要是达到1000万的任务目标，那可真是太阳打西边出来了。”角落里的小叶这样说道。

“上个季度累死累活，最后也只完成了600万元。反正是完不成目标，也不用努力了。”即使是沉稳的老李也抱怨了起来。

原本在公告之前准备加班的人，瞬间都飘出了办公室。办公室变得空空荡荡。

如果这个目标没有实现的可能，也就没有了意义。更为严重的是，它还会重挫员工在执行过程中的积极性与自信心。如果目标对员工产生激发作用的话，那么对于员工来说，这个目标必须是可接受的、可以完成的，并且具备一定的挑战性，这样可以激发员工的工作潜力。对一个目标完成者来说，如果目标超过其能力所及的范围，则该目标最终将只会成为摆设。领导者在团队建设中的首要任务，就是为组织成员设定一个具体的、明晰的、有挑战性的目标。

一天，在百度公司的内部会议上，当时百度的竞价排名业务刚刚起步。李彦宏问大家，当年竞价排名的销售收入目标应该定多少？有人说50万，有人说100万，对于这些目标，李彦宏一直摇头。有一个人胆子最大，站起来说：“那就定到200万，翻它几番！”此言一出，现场的人都一片惊叹——从前一年的12万一下子增长到200万，这个目标太有挑战性了。

但是，对于这个数字，李彦宏还是摇头。随后，他告诉大家，

2002年竞价排名的销售目标是600万！这个数字一出，几乎所有人都被震住了，竞价排名业务组的员工几乎都傻了——按照600万的目标，平均每天的收入得18000元，而当时每天的收入最多才2000块钱，要实现600万的目标，岂不是天方夜谭？

其实，李彦宏制定这个目标并非是天方夜谭，而是建立在科学分析的基础上。尽管除了李彦宏，其他人都无法相信能够达到这样的目标，但在李彦宏的坚持下，这个目标还是定下来了。结果，2002年12月，康佳、联想、可口可乐等国际知名企业都成了百度竞价排名的客户。当年，百度的竞价排名销售达到了580多万，基本实现了预定目标。

如果将梦想和目标比作桃子，在将目标定得太高，连跳数次仍然摘不到桃子，员工会认为努力也是白费，最终丧失信心；目标太低，无须跳就能摘到桃子，就使人们失去了努力的动力，不利于发掘潜能。所以，目标太高或太低都不利于激发员工的干劲。

如何把握制定目标的“度”呢？目标需要“跳一跳”才能“够得着”。制定企业目标的时候，不能让目标过低、轻易便能实现。管理者一定要从企业长远的发展规划出发，使目标尽量高远，但不能远远超过企业可提供的条件或者员工的能力，超过可实现的范围。

作为管理者，要让团队的愿景和个人的目标都建立在切实可行的基础上，并且让员工跳起来才能触碰到它，这样的团队一定会生机勃勃。

第三章

树立威望，让员工心悦诚服地跟随

权威是每个领导必不可少的法宝

如果一直以来，团队的员工都不听你的，或跳槽，或罢工，或怠工，尽管你想尽了办法，但你在团队中的地位可有可无，团队的运营效率也一直不见提升，那么，作为管理者必须要反省自己的管理权威哪里去了。

管理权威不是依靠组织权力产生的，是管理者的思想、行为实践在团队成员的心理中得到认知、接受，并且转化为成员自我思想与行为体现的生存力与竞争力。

中国当代的企业管理者，权威式的管理模式必不可少，在对下属下命令时，下属必须对自己一切意见“无违”，这样团队的管理基础才能建立。权威是企业和团队的神经中枢，规则是权威的一种具体表现。只有让每个成员有尊重权威的意识，并依照权威的规则办事，才能有利于任务的执行和管理工作的进展。

管理者要想带领好自己的团队，就要在员工心中树立一种权威。这种权威不仅仅来自职位本身的权力，有时候也来源于自身的魅力，有时候比职位权力更重要。拿破仑发动百日政变，不发一枪一弹夺回了法国。这对于别人是不可思议的事情，可拿破仑却做到了，原因之一就是他在士兵心中享有崇高的威望。

领导权威对管理者而言，具有十分重要的作用。它是每个组织实施统御的必备条件，是领导者身上的无形光环，是领导者力量的化身，也是成就事业的基础。管理者如果没有威望，组织就不会有任何一致的行动，最终会使其走向衰亡。

员工听你的，不管你在与不在都能够把你的决策或命令落实到位，说明你具有实实在在的权威，若员工表面听你的但实际上不听你的，你在的时候个个好像都表现得很好，可是当你离开后就不一样了，这说明你的权威只停留在表面，员工只是害怕你的权力而暂时听你的。更可怕的是，有的员工表面上听你的话，你在的时候唯言诺诺，你一离开就来了 180° 的大转弯而且还在你的背后说你的不是，这说明你在员工心中完全没有威望。

一个利用职权来行使管理权的管理者，只会让下属行动上服从；而一个靠自身威望来行使管理权的管理者，会让下属心服口服地服从管理，达到良好的管理效果。可以说，威望要比权力更能达到有效的管理效果。

聪明的管理者，都会想方设法建立自己的权威，从而最终收到事半功倍的管理效果。作为管理者，能够发号施令使下属依己之意行事，而下属也是言听计从，这当然是一件好事，但能够立权树威却不是一件简单的事情，只有从小事做起，在管理工作中注意细微小事，点点滴滴地树立自己的权威。

当然，推崇权威并不意味着要管理者终日板着脸，作为下属还是希望多看到一些上司的笑脸，实际上，这并不矛盾。在日常的工作中多给下属“温情管理”，给下属家庭般的情感安抚，才能让他们对团队和企业产生更多的依赖感和归属感，培养他们对团队的忠诚度。

权威能确保团队的正常运行，平衡好职位权和威望权的平衡点，并将二者有效运用于管理之中，管理权威就会来到你的身边，你的行为与思想的影响力就能够造就一支战无不胜的队伍。

适时地表明“我是领导”

作为团队的管理者，如果具备威严感，就能给下属以一种难以言表的威慑力。管理者可以态度温和，可以在非工作场合与下属打成一片，但你一声令下之时，下属要表现出令行禁止的态度出来。

做到这些，需要在平时以严格的规定来约束下属，适时地表明“我是领导”，以威慑力来震慑下属。在中国历史上，不少皇帝都深谙此道，让臣下明白自己才是君主，以维护其统治的威严。

在宋朝以前，上朝时宰相是有座位的。宰相上朝没有座位，据说始于宋太祖赵匡胤。有的说法是赵匡胤陈桥兵变，黄袍加身，正式登基的第二天，从后周继承下来的宰相范质上朝奏事，开始还坐着讲，正讲着，赵匡胤突然打断他说：你先不用讲了，把文稿拿我看看。范质遂起身把文稿捧给他看，赵匡胤说：我老眼昏花，你再拿近一点，范质就又凑近了一点。等皇帝看完了，范质再想坐下，却发现椅子已经没了。

原来趁范质站起来的时候，皇帝悄悄让宦官把椅子搬走了。范质没有办法，只好站着。从此以后，宰相上殿就再也没了座位。

雍正二年（1724 年）四月，雍正皇帝因平定青海一事受百官朝贺。刑部员外郎李建勋、罗植二人君前失礼，被言官弹劾，属大不敬，依律应该斩首。雍正说，大喜的日子，先寄下这两人的脑袋。后面的仪式，再有人出错，就杀了他们。那时候，可别说是朕要杀人，而是不守规矩的人要杀他们。也就是说，这两个人死不死，取决于别人犯不犯错误，而犯错误的人不但自己要受处分，还要承担害死别人的责任。

雍正皇帝通过借题发挥，给下属以颜色，树立起了自己的威严，达到震慑下属的目的。

一般情况下，领导给我们的形象就是要做到令出必行、指挥若定，必须保持一定的威严，这就是“王者风范”。道理很简单，在管理者与下属关系上，没有令对方与下属感到畏惧的震慑力，是不容易行使职责的。只是有一张和蔼的脸、一番美丽动听的言辞有时起的恰恰是反作用。

当然，威严不是恶言相对，破口大骂，整日板着面孔训人。只是在工作时对待属下必须说一不二，发现了属下的差错，绝不姑息，立即指出，限时纠正，不允许讨价还价。只有让属下滋生敬畏之心，才会使你驾驭领导的风范在万马千军冲锋陷阵的激烈竞争中游刃有余。

在当今世界摩托车、赛车和汽车的王国里，有一个光环四射的名字，他就是本田车系的创始人——本田宗一郎。本田对日本汽车和摩托车工业的发展做了努力，先后获得日本天皇颁发的“一等瑞宝勋章”，获美国底特律汽车殿堂“悬挂肖像及光荣事迹”的殊荣。

本田宗一郎之所以有如此辉煌的成就，和他持有的处世原则——铁面无私是分不开的。虽然备受下属敬重，本田宗一郎并不是一个睁一只眼闭一只眼的老好人。本田公司的技术干部都曾受到本田的严格训练。如果他们不注意，违背了本田的方针那就会随时遭遇一场暴风雨的袭击。前董事长杉浦在任技术研究所所长的时候，在其部属面前被本田揍了一顿，本田很有做事原则。

一天，杉浦正在办公室工作，突然一位部属通知他说董事长找他。杉浦急忙赶到本田那里，以为有什么好差事要指示。本田二话不说，出乎意料伸出右手，打了杉浦一巴掌。杉浦不知何故，忙问:“董事长，到底出了什么事？”

“谁叫他们这样马虎地设计？是你吧！”杉浦还没来得及开口为自己辩护，又挨了本田一巴掌。杉浦很气愤:“董事长，你怎么不听解释就动手打人？”他心想，设计问题，自己固然有责任，但我是有1000名部属的研究所所长，至少有一点权力，没必要当众羞辱我，以后让我在部属面前如何立足。他于是想辞掉这个差使。

杉浦正要提出辞职的时候，猛然发现本田的双眼湿润，他有些怀疑，难道董事长也会自责自己过于鲁莽？还是恨铁不成钢？似乎都有。杉浦顿时领悟到，董事长是诚心诚意要帮助他，哪怕一个零件也不能粗心大意，必须严谨、认真、细致，防止任何差错的出现，否则，不可能生产出顾客信赖的商品。这是董事长的“机会教育法”，打他是为了要大家了解技术、质量的精益求精性。一想到这儿，杉浦的怨恨情绪也烟消云散了，于是对本田说:

“对不起，我错了！我要好好改过……”

“我也有错，不该随便打人。”本田脸上现出坦率的歉疚，并拍拍杉浦的肩膀。

本田虽然处理事情看似粗鲁，却使部下受到了震动，更重要的是挽救了公司的声誉。

本田还非常忌讳抄袭别人的东西，他崇尚创新，如果某个员工犯了这种错误，他大发雷霆是正常的，他常说:“什么！照别人的葫芦画瓢？哼，真没出息。我们追求的是世界第一，不管有什么困难，不管别人会不会做，我们都要尽力把它做好，这才是本

领导身份的经营

领导要适当表现自己的“身份”。“身份”虽看不见摸不着，却可以真真切切地感受到。领导的身份不是靠权力和制度来划定的，而是日常工作中有意“经营”出来的。

在办公室里跟员工讲话，要亲切自然，不能让员工过于紧张，以利于对方更好地领会自己的意图。

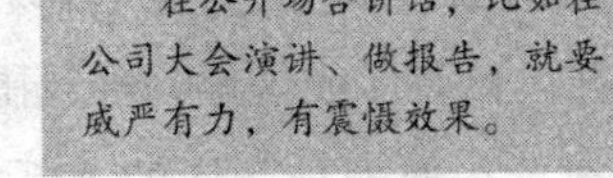
在公开场合讲话，比如在公司大会演讲、做报告，就要威严有力，有震慑效果。

遇到员工意见与自己意见相左的情况，可以明确给予否定。如果意见确实对公司、对自己有利，也不要急于发表看法。

田人的与众不同之处！”

领导保持自己的威严，最重要的就是给自己找好定位，不能靠下属太近也不能太远。过于亲密就可能淹没你的职位，过于疏远则可能让人不敢靠近，让人把你供起来这绝对不是一件好事。对下属们软硬兼施，打一打，拉一拉，让下属忠心为领导服务，共同创效益。

适时表明自己才是领导，不和下属靠得太近，你个人的威信才有可能提升。

以恰当的距离对待下属

管理者一定要给下属一种公平合理的印象，对待每个人都要客观、公正，让大家觉得机会均等、人人平等，这样他们才会积极主动地做事。成功者戒骄戒躁、精益求精，后进者不断上进、积极追赶，只有形成这样一种氛围，才能进行有效的管理。

管理者在处理与下属的关系时，要一视同仁、不分亲疏，不能因外界或个人情绪的影响而表现得时冷时热。有些管理者虽无厚此薄彼之意，但在实际工作中难免愿意接近与自己爱好相似、脾气相似的下属，无形中冷落了另一部分下属。因此，管理者要适当地调整情绪，增加与自己性格爱好不同的下属的交往，尤其对那些曾反对过自己且反对错了的下属，更需要经常交流感情，防止造成不必要的误会和隔阂。

有一种倾向值得注意：有的管理者把同下属建立亲密无间的感情和迁就照顾等同起来。对下属的一些不合理，甚至无理要求也一味迁就，以感情代替原则。这样做，从长远和实质上看是把下属引入了一个误区。而且用放弃原则来维持同下属的感情，虽然一时起作用，但时间一长，“感情大厦”难免会倾覆。

保持管理者的权威，距离上的问题不可轻视，它是一个至关重要的因素。一般的距离可分为以下三种。

（1）远距离透析

所谓远距离透析，就是在广泛接触交往的基础上，利用辩证唯物的观点看待一个人，是源于接触又高于接触，透过交往来看其本质。这就是说，要全面、辩证、实质地观察、衡量、看待一个人。所谓“全面”，就是不仅看到一个人的现处地位或社会氛围的表现，而且要看其作为一个普通人的政治品行、性格修养、处世态度及一贯作风；不仅要有单独分析个人的所思所想、所作所为，而且要进行一般透视，透析单个人在团队群体中的表现状况，特别是在群众当中，在“8 小时以外”的威望和评价。

每个人的生活经历、成长过程各有曲直，客观地掌握评价一个人在过去历程中的成败得失，特别是在重大历史事件、骤起的政治风波以及人事变故面前所表现的政治立场、政治信念、政治鉴别力以及处理问题的方法和能力，是非常必要的。透过现象深入本质，剖析一个人的价值取向直至内心世界。我们不但要听其言，还要观其行；不但要明其心，还要见其实。总之，进行远距离观照，可以避免主观因素的掺和，因个人好恶丧失原则，凭一时一事成败对错分良莠。

（2）近距离交流

交流是尊重人格、平等待人、消除隔阂、增进友谊、相互启迪、达成共识的一把钥匙，也是管理者了解下属、掌握主动的一种方法。因此，管理者必须学会、善用这一“专利”，做到言尽心至，不留缝隙。既然是交流，就应当平等相待、倾心相交，没必要隐隐藏藏、心存戒备。这就是所谓的零距离。

首先，坦坦荡荡以诚相见。交心、谈话、议事，坦诚为上。用诚心，才能见真情，即便是平时不敢谈、不能谈、不便谈的话，只要彼此真诚，总能找到交流的效果，并且这种坦诚要贯穿交流的全过程。

其次，充分信任，全盘托出。管理者要鼓励下属讲实话、讲真话、讲心里话，下属也希望管理者不端架子、不讲套话，在彼此充分信任的基础上，把各自的想法全盘托出，做到知无不言、言无不尽。

再者，鼓励发表，求同存异。既然是交流，就应当允许对问题有不同的看法，甚至是完全相左的意见。管理者应该也必须注意倾听各种不同的声音，因为不同的声音中，不乏金玉良言。当然，不同的声音中，也会有错误的东西，管理者也应有气度、有雅量批判地吸收、辩证地看待。只有多交流，才能共同完成任务。交流的过程，既是倾心交流的过程，也是换位思考的过程。因此，管理者与员工都要学会换位思考，设身处地地为对方考虑。这样，既能很快地拉近距离，又能较好地产生共鸣，从而达到交流的目的。

（3）等距离沟通

管理者不应以自己的主观意见判断人和事。提倡等距离沟通，就要求管理者要广泛而平等地与下属沟通，从而寻找更大范围的沟通空间，求得更大程度的理解和拥护，形成以团队管理者为圆心，以与各下属平等沟通为半径的一个圆。否则，只能形成以管理者和个别人为点的一条线或几条线。只有等距离沟通，才能广泛做好管理者的本职工作，树立自己不容侵犯的威信。

管理者的权威通过等距离沟通而增强，就必须变被动为主动，变等下属沟通为主动与下属沟通，让下属想跟你沟通、愿跟你沟通、敢跟你沟通；等距离沟通，就必须不分疏远，广开言路，开门纳谏；等距离沟通，还必须深入到团队中的每一名成员，了解其最基本、最迫切的需求。

公则明，廉则威

管理者在管理活动中，处理各种各样的事情如果有一点儿不公正，必然会影响到团队的团结，也直接反映了管理者的管理水平，影响着管理者的自身形象。

《吕氏春秋》中曾记载这样一个人物。晋平公要祁黄羊推荐南阳县令的人选，祁黄羊推荐自己的仇人解狐。这让晋平公十分不解，以为他在耍什么花样，便把祁黄羊召过来，责问其真实意图。祁黄羊回答道："国君，您只是问我谁可以担当这个职位，并不是问我的仇人是谁。"晋平公觉得他说得很有道理，便用了解狐当县令，举国上下都很称赞这个任命。不久后，晋平公又问祁黄羊谁可以担任太尉一职，祁黄羊这次推荐了他自己的儿子祁午。平公一听，又觉得不解，认为他在贪私心，立即询问他为何会推荐自己的儿子，祁黄羊回答："您只是问我谁可以担任太尉一职，并不是问谁是我儿子。"晋平公很满意祁黄羊的回答，于是派祁午当了太尉，后来祁午果然成了能公正执法的好太尉。

孔子听说这两个故事后称赞说："好极了！祁黄羊推荐人才，对别人不计较私人仇怨，对自己不排斥亲生儿子，真是大公无私啊！"

后来，人们就用"大公无私"这个成语，形容完全为集体利益着想，没有一点私心，也指处理事情公正，不偏向任何一方。

作为管理者，应该向祁黄羊学习，千万不要因为某人和你不熟就不重用他，更不可由私人交情是否深厚来判断要不要重用一个人，一旦私心作祟，往往就会落人口实，影响自己的声誉和公信力。

每一个管理者在自己的岗位上，都希望自己对下属公平、公正、无私无畏。公平、无私是管理的一个要诀，无私才能扬威，才能使自己在下属中树权立威，这个问题单靠理论说明是无法弄明白的，下面举一实例说明。

稻盛和夫在鹿儿岛出生，后来在东京创业，老家的亲朋好友听说稻盛和夫创业后，有不少亲戚投奔稻盛和夫。亲戚投奔他，他当然也不好拒绝，不过他们的待遇和其他工人一样，并无任何优待。

有一次，稻盛和夫的外甥来投奔他，稻盛和夫给安排了工作。这个年轻人整日趾高气昂，他的傲慢的气焰引得周围的不少人对这位权贵颇多微词。最后，竟逼得不少员工离职。

稻盛和夫一时间并没有注意到公司内部的异动，有一次，他见到副社长一脸愁容，于是他问起工厂内部的管理情况。副社长在他的一再追问下，说起了稻盛和夫外甥的所作所为，稻盛和夫十分生气。

第二天，稻盛和夫在公司大会上严厉批评了自己的外甥，最终依照公司的规章制度将其开除。他还到离职员工家中拜访，请他们重新回到公司。

后来，稻盛和夫的父亲打电话斥责他，他亲自向父亲作出解释，最终消除了来自家庭的压力。此后，在稻盛和夫的公司里，员工真心实意为他卖命，稻盛和夫在员工心目中的权威更高。

如果团队制定规章制度，用制度说话，于人于己都一样，让下属心悦诚服，这样树立领导者权威才能立竿见影。

领导者不能徇私情，尤其是与一些走得近的下属之间，即使交情很好也要遵守规矩办事，因为群众都在盯着看。如果你对任何人都秉公办事的话，别人也挑不出理来，反而会敬佩你。

对于私心，很多管理者还存在误解，认为只要不贪污、不受贿，不走后门，就可称得上没有私心。其实，私心往往存在于无形中，不易察觉，当领导者自以为公正的时候，自私的念头已悄然萌生。

一次，董明珠听说公司账册上的应收款高达5000多万元，但是相当部分竟然没办法追回。她找到账册仔细对比一看，发现济南一家企业明明欠账100多万元，可格力电器竟然拿不出任何有效凭证，而且还奇怪地无法查出是谁的责任。这让董明珠心里十分窝火。

公司花了450万在机场租了一个广告牌，结果却是广告牌背朝着人流方向，董明珠气愤地说:“那只能做给神仙看！”在市面上，一张广告宣传单的市场价是0.2元，可格力电器支付的价格是0.88元……

对于以上这些损公肥私、不负责任的行为，董明珠眼里揉不进沙子，她径自跑到朱江洪总经理那里，张嘴就要求把全部对外财务都归自己管。董明珠当然知道下级向上级伸手要权这件事有悖常理，所以她说道:“大家随时可以监督，我提两个建议：第一，我只管钱的进、货的出，不管用钱，这样只有好处，没有坏处；第二，财务也可以不归我管，但是每天经销商的进出款必须要让

心底无私天地宽

中国有一句老话说得好：“心底无私天地宽。”这句话在管理学中同样适用，作为领导，一旦私心作祟，往往就会落人口实，影响自己的声誉和公信力。

财务部门随时通知经营部。”

董明珠的要求十分坦荡，朱江洪总经理当场就表示同意，划出一部分的财权归董明珠管理。但还是有一些人觉得董明珠太“多管闲事”，妨碍了自己的“财路”，便给她取了个“走过的路都不长草”的“恶名”。

然而，这才是她与世俗势力斗争的开始。在规章制度的大旗下，“走过的路都不长草”的董明珠不断和内部腐败势力作斗争，和公司里有来头的人斗，和不诚信的经销商斗，甚至还要和自己的亲人斗。

一天，一个不是格力的经销商想从格力拿货，可是没有路子，刚好他认识董明珠的哥哥。于是就找到他，承诺如果事情办成，会给他哥哥 2% 的提成，这是一个不小的数目，他哥哥答应了。

董明珠接到哥哥的电话后却犹豫了，要知道帮哥哥这个忙，对身为部长的她很容易，只是一句话的问题，而且没有违背公司的制度，但是董明珠最后拒绝了哥哥的请求。因为，她如果为亲人谋利益就会伤害到其他经销商、合作伙伴的利益，公平性就会出现偏差，如果这股风气蔓延的话，格力这个牌子就会受到影响。

董明珠的拒绝伤了哥哥的心，他不再和妹妹来往，但是董明珠即使到现在，依然不后悔，她这样做是值得的：“我把哥哥拒之门外，虽然得罪了他，但我没有得罪经销商。”不过，董明珠也多次对媒体说：“当我退休的时候，如果我的哥哥还能理解我的话，那我还认他这个哥。”

由此可见，一个领导要真正的强而有力，不是指身体的健壮，而是表现为权威。作为领导者，董明珠主要体现在具有强大的领导影响力。一切行为都要严格符合原则，这才能强壮有力。只有这样才能成为群众的榜样，才能在群众中建立起崇高的威信。

为了树立自己负责、公正的形象，管理者必须保持高度警惕，在团队领导上多做周全考虑，例如，每当作出一项重大决策时，不妨扪心自问，是否有私情的成分包含在里面？是否符合团队内大多数的利益？是否为了工作效益最大化？是否能够获得团队成员的一致认同？把这些问题想清楚了，任何决定不会引来指责与非议。

“心底无私天地宽”，这是领导者重要的品质表现。只有领导者具有巨大的影响力，我们的事业才会有顺利、成功的保障；而这影响力来源于正气、正义和正派的作风。

领导的威信是“讲”出来的

在众多员工面前hold（控制）住场面，这是一种五位一体的工作，管理者要把自己的主张和见解传输给听众，得把内部语言转化为外部语言，有时其中渗透着强烈的感情因素，这就需要透过语言、表情、眼神、动作、肢体行为等方式来协同传输外部语言，让员工接受你的观点。

如何控制及驾驭现场呢？以下是一些常用的方法：

（1）目光控制

眼睛是心灵的窗口，如果眼神不够坚定、不够自信，就会出卖你。每次大声讲话的场合、对象不一样，也许这场听众的水平是不如你的人，你会发挥得很好；也许台下是比你更优秀的人，你便失去自信，大失水准，目光不敢与听众接触了。

作为管理者，必须要求在眼神上不能输给员工，无论面对什么样的员工，也要做到“目中无人”，当然还要做到心中有数。目中无人是要将自己的自信和果敢，通过眼神传达给员工，让听众信服。

不要让自己的眼神游离于听众间，否则传达给员工的信息是

领导者如何提高自己的讲话水平

一个口才欠佳的领导，难以在现今的工作环境中支撑局面，稳步攀升。所以，作为领导者，怎样才能提高自己的讲话水平呢？可以从以下几个方面来着手：

开好头 —— 一鸣惊人

在领导讲话的最开始，单刀直入，开门见山，把主要内容等用简练的语言告诉大家。当然，手法要新颖，要以不凡的开头，达到一鸣惊人的效果。

他讲的什么呀，拖拖拉拉的。

控篇幅 —— 长短适宜

善于把握听众的心理，注意控制讲话的时间：该长则长，该略则略。大力提倡一种讲真话、实话、新话、短话的“话风”。

结好尾 —— 留有余味

文无定法，结尾也有各种方式，但是，绝不能虎头蛇尾，前紧后松。

扮角色 —— 分寸有度

在讲话之前，一定要找准切入点，明确自己的身份，讲究讲话的策略，注意讲话的分寸，以防出现不对、不妥、不当、不够等有失分寸的情况。

你不自信。管理者在讲话时的眼神在环视全场之后要时刻关注听众，在听众较少的情况下，和听众目光相遇的时候不要立刻移开，而是需要交流一下，传递你的感情。其实，你也可以直视听者的眉心，让他感觉你在看着他。

（2）声音控制

声音是传达情绪的工具，如果声音颤抖，说明你紧张、激动或愤怒，因此，控制声音对小场面交流十分重要。

面对大场面，就要声如巨雷，震撼全场，根据所说的内容的变化、气氛的变化适当调节语气、语调。在现场非常压抑而且非常安静的时候，适当放低音调、音量，让员工更加专注地去倾听你的讲话。

场面大声音大，场面小声音小，把握声音的高低，做到全场的人都可以听到，同时在现场也不要用力喊。无论高或低都要适度，而且要相互配合，语音抑扬顿挫。该停顿的时候就停顿，让员工的情感随你的声音起伏变化，最终达到控场的效果。

（3）动作的控制

开始和很多员工讲话前，可以用双手示意场上安静；讲话时，讲着讲着忽然挥手示意，让员工活跃起来。这一系列的动作都是控制场面的方式。每个领导者都可以有几种属于自己的动作，可以随时用动作调动场上的气氛，控制场上的局面。

（4）内容的控制

但凡讲话都应该有一个主题和中心，紧紧围绕主题展开，不偏离主题，这是内容控制的首要要求。

第四章

尺有所短，寸有所长，把人用在恰当的地方

人岗不匹配是人才资源的浪费

有这样一个寓言故事：

有一个农夫花了几年积蓄在市场上买了一匹千里马，回到家中后却发现实在没有用到千里马的地方，于是便让它和一头驴子一起拉磨。但千里马终究不是用来拉磨的，并且用千里马来拉磨的效率也不高。农夫很生气，就用鞭子使劲抽打它，过了一段时间，千里马被打死了。

有了这次经验，农夫再也不买千里马了，为了和驴子搭配，他就又买回了一匹骡子。骡子和驴子很和谐，干起活来，搭配得很好，磨坊的工作效率很高。

有一天，农夫得了急病，需立即送到城里救治。家人拉出了骡子，骡子在磨坊里磨叽惯了，任凭农夫的家人使劲抽打它，它始终跑不快。抽打得急了，骡子就更加放慢了速度，最后索性在原地转起圈来了。家人无奈，只好迁就着骡子，晃晃悠悠地赶往城里，因此延误了治疗，农夫落下了后遗症。

千里马最优秀，但是因为被放置在不合适的工作环境里，活活被折磨死。骡子本来也是很优秀的，和驴子搭配起来，能够为团队产生很高的经济效益。但是，却被抽调出拉马车，这本是千里马的长项——结果，骡子也会累死在它不适合的岗位上。

这个寓言故事所影射的现实不是经常在我们身边发生吗？没

有最好的人才，只有最合适的人才。精明的团队管理者对待人才要做的就是将合适的人才放在合适的位置，达到人事相宜。

很多管理者认同“没有平庸的人，只有平庸的管理”。传统的管理把人看成一个模子，仅仅依照工作的制度安排人的位置，结果许多讷于言辞的员工被安排去外联，许多善于表达的员工被安排做机械性工作……一名优秀的管理者应该知人善任，让自己的下属去做他们适合的事情，这样才能实现人岗匹配。

有的员工谨慎小心，有的员工讲究速度，有的员工非常善于处理人际关系，有的爱表现，有的好宁静……总之，员工的类型有很多，管理者需要做到的就是人尽其才，才尽其用。作为管理者，要懂得把合适的人才安排在合适的岗位上，做到资源的优化配置。

团队唯有通过不同岗位人才的配合，才能最终实现良好发展。如果优秀的人才没有用好，团队的运营也会出问题。

为扩大规模，某团队高薪招聘了 20 多位出色的人才，优越的工作环境、高薪的挑战等都让这些人跃跃欲试。然而，不到半年，看似强大的团队却问题连连，团队的工作效率较之规模扩大前明显降低了……

这样的情况在不少团队都能见到。人才具有相应的能力，但并不表示管理者就能充分用好这个人才。作为管理者，要能够认清不同下属之间的差异，找到他们之间不同的特点与优势，这样才能在安排任务时做到合理，让他们在最适合的位置做最适合的事。

对于管理者来说，在用人的时候不仅要学伯乐识马，选合适的人才进公司效力，更要把优秀的人才放到合适的岗位上，发挥他应有的作用。

一个人只有处在最能发挥其才能的岗位上，才有可能干得好，把自己的能力全部发挥出来，为团队作出最大的贡献。

四季酒店是一家世界性的豪华连锁酒店集团，在世界各地管理酒店及度假区。人才是四季酒店成功的重要原因。

四季酒店总是很容易找到团队最需要的人，然后把他放在最合适的岗位上，为团队创造出最大价值。四季的用人最大的特点就是无论是高学历者还是普通学历者，包括“海归”，都需要从基层做起。酒店负责人吴先生认为，一名优秀的员工，哪怕是把他放到最基层的位置上，经过一些时日，肯定会比其他人“跑得快”。吴先生说：“曾经有个新人，学历背景很优秀，能力也很强，他信誓旦旦要在两年内做到部门经理。我当时立刻否决了他。不管一个人多优秀，在四季要做一个部门经理至少需要15年的时间，这是许许多多前辈留下的经验，是经过实践检验的，我不认为会有特例。所以，一个人需要磨炼，更需要有被磨炼的耐心。”

正是对员工孜孜不倦的长期打磨，使团队充分了解到员工的特点、特长、能力和发展潜力，无论员工晋升和调岗，团队都能最快地实现人岗匹配，从而保证酒店不为人员的调动而降低组织运行效率。

优秀的管理者从来都不把人岗的匹配问题当作是小事情。管理者应采取正确的措施和手段对人力资源进行合理配置，合适的人在合适的岗位上工作，这将会使得员工的工作绩效、工作满意度、出勤率等得到提升，从而提高组织的整体效能。不要大材小用，也不要小材大用，要量才而用。

人岗匹配才能使人才发挥最大价值，为团队创造更多绩效。

但是，要想完美实现人岗匹配，首先要做的工作就是要了解工作的特性。只有了解工作的特性，才能在人才使用上有的放矢。

是不是人才，要看放置的位置

德国管理界有一句名言："垃圾是放错位置的人才。"这句话显示了最简单的道理：是不是人才，关键是看把他放在什么位置上，让他去做什么事，只要他在这个位置上能够做好，做出成绩来，他就是人才。

如今的社会，人人都可能是人才，但一定是放对了地方的人。而没放对地方的人，就不是他正在工作的岗位所需要的人才。因为，他们真正的能力或许与自己的岗位要求并不相匹配，因而不能使自己的价值得到最大化发挥，同时也不能在工作中创造利益，自然也就不是什么人才了。

古语有云："骏马能历险，耕田不如牛；坚车能载重，渡河不如舟。"读过《水浒传》的人，可能对书中两个人物的印象比较深刻。一个是号称"黑旋风"的李逵，另一个是"浪里白条"张顺。李逵武艺高强，张顺与他在岸上比武，怎么也不是他的对手。可是，张顺引李逵到水里比试，结果张顺在水里如鱼得水，占了绝对上风。

李逵和张顺在不同环境下的表现绝然不同。可见，人各有所长，也各有所短，所长与所短是相对于一定的环境和条件来说的。

一位优秀的团队管理者，假如把每个下属所擅长的方面有机地组织起来，就会给团队的发展带来整体效应。因此，高明的领导者应趋利避害，用人之长，避人之短。

三国时的魏国成为最强盛的国家，与东汉后期曹操的知人善任是分不开的。当时曹操身边人才聚集，奠定了魏国的基础。

公元215年7月，曹操西征张鲁，东吴孙权见有机可乘便率军攻打合肥。当时镇守合肥的是张辽、李典、乐进等三员大将。这三个人无论是在资历、能力、地位、职务都是旗鼓相当，不相上下。

也正因为如此，三个人互不服气，谁也不愿意成为被统帅的人。面对孙权的大军，三人在是战是守，以及谁为主将、谁为副将的问题上一直不能取得一致意见。曹操经过深思熟虑，依据三人的特点，做了如下安排："若孙权至者，张、李将军出战，乐将军守城。"一开始，三人对于曹操的安排都有意见，但最后迫于曹操的军令，不得不以大局为重，各负其责，协调一致，最终大败孙权。

正所谓"知人者智"，曹操能让三人扬长避短互相配合，可见曹操善于用人之一斑。他最终能够雄霸天下，这和他对人才的运用也是分不开的。

世上没有绝对无用之人，只有没有用好的人。正如唐代大诗人李白所言："天生我材必有用。"领导干部和干部工作者的任务在于，努力发现每一个人的闪光点并恰当加以利用。

在常人眼中，短就是短，而在有见识的管理者看来，短也是长，即所谓："尺有所短，寸有所长。"在成功的管理者眼里，人才通常都会具有很多特点，要用人之长、避人之短，关键在于你如何去运用他。

美克德公司是一家经营唱片和音响的日本团队，在"二战"前名声显赫。由于战争影响，这家拥有一流人才的公司，却迟迟不能开展重建工作，最后，由松下电器公司接管。为了使它从战

“人岗匹配”三部曲
还应该加一条“两年以上工作经验”，对……
职位说明书
1. 知岗：工作分析
“知岗”是人才匹配的起点。只有了解了岗位，才能去选择适合岗位的人，这样才能实现“人岗匹配”。
这些人有哪些是干过类似工作的呢？
2. 知人：胜任素质
“知人”是人才匹配的关键。知人的方法有很多，如履历分析、心理测验、评价中心技术等等。但它们或基于人，或基于事，对人岗匹配的帮助都不是非常明显。
你们都符合标准，恭喜你们被任用了。
3. 匹配：知人善任
“知人善任”是人才匹配的最后一步。每个人都有自己的特点和特长，知人善任，让自己的下属去做他们适合的事情，这样才能充分发挥他们的工作潜能，实现人才的有效利用。
因此，管理者在用人的时候，应以每个员工的专长为思考点，安排适当的岗位，这样才能做到人与岗的统一，让组织团队发挥最大的效能。

败的挫折中复兴起来，松下幸之助非常慎重地思考经理的人选。最后，他决定把这个重担托付给野村吉三郎。

野村在“二战”期间曾担任过海军上将，退役后转任外务大臣。虽然他在团队经营方面没有经验，但他的长处，就是善于用人。这个人事决策使许多人大感意外，他们认为野村对团队的经营完全是外行，对唱片、音响更是一窍不通，让一个门外汉主持美克德的工作，简直就是无稽之谈。但松下看好野村会用人的优点，坚持自己的看法。事实上，野村主持美克德业务时，的确对这个行业非常不熟悉。

有一天，在干部会议上，有人提议要和美空云雀签约出唱片，野村却问：“美空云雀是谁？”美空云雀是日本排行第一的红歌星，拥有众多的歌迷，可说是当时家喻户晓的人物，像这样有名的艺人，身为唱片音响连锁团队经理的野村居然不知道，这让很多人觉得不可思议，也成了外界讥讽他的材料，甚至有人说：“一个唱片公司的经理居然不认识美空云雀——那他一生中能认识几个人呢？”

然而，一个人优秀与否，既要靠才能也要靠合理的运用。野村对唱片业不太了解，却非常善于用人，所以松下让他去做唱片店的经理而不是去推销唱片，这正是松下用人的高明之处。事实也证明他的这个用人策略是完全正确的，正是这位不认识美空云雀的经理，使美克德迅速地从战争的废墟中复兴起来。

松下这种用人之长、避人之短的人事决策，充分体现了其独具慧眼的识人之术。知人善任是团队管理的核心，是团队全体管理者的重要工作和共同责任。

管理者要注重发挥人才的长处和优势，合理地使用、培育人才和留住人才，形成有利于人才发展的环境和文化。

但需要提醒管理者注意的是，你所需要的不一定是最优秀的人，但一定是最适合这个岗位的。人才的使用要根据岗位而来，因为只有最合适的才是最好的。

既能善用人之长，又要善用人之短

老子《道德经》有云："水不凝不滞，能静能动，能急能缓，能柔能刚，能显能潜。"管理者应效法水德，通达调变，因人制宜，知人善任，充分发挥每个人的潜力。老子在用人上还有一个比较经典的观点认为"常善救人，故无弃人"，意思就是，看人既看短处，更要看到长处，要扬长避短，充分发挥其优势，做到人尽其才，这才是用人的"大仁""大爱"。世上没有无用之才，只有因所处的位置不合适而埋没才能的现象。

关于这个道理，庄子讲得很明白。

庄子认为，弯曲的大树，虽然也很高大，但却疙里疙瘩，不符合绳墨取直的要求，它的树枝弯弯扭扭，不适合圆规和角尺取材的需要。因此，它虽然生长在道路旁，可木匠连看也不看。难道这样的树，真的大而无用吗？庄子的回答是否定的。他说："如今你有这么一棵大树，却担忧它没有什么用处，怎么不把它栽种在什么也没有生长的地方，栽种在无边无际的旷野里，悠然自得地徘徊于树旁，悠游自在地躺卧于树下……"

由此可见，树的疙疙瘩瘩并不是无用的原因，只是安排的位置不适合。一棵树不符合绳墨取直的要求，不能做梁、做椽，却可以供人欣赏乘凉。一个团队，将人才安排到恰当的岗位，不但有利于稳定人员结构，更能够挖掘人才的潜能。

曾经有一位管理者介绍他的用人经验，他让爱吹毛求疵的人去当产品质量管理员，让谨小慎微的人去当安全生产监督员，让喜欢斤斤计较的人去参加财务管理，让爱打听、传播各种消息的人去当信息员，让性情急躁、争强好胜的人去当突击队长……结果，这个工厂变消极因素为积极因素，大家各尽其力，工厂效益倍增。

当然，对于管理者来说，如何能做到将“用人之长”与“用人之短”结合起来并不容易。美国柯达公司曾经盛极一时，当年在生产照相感光材料时，需要工人在没有光线的暗室里操作，因此，培训一名熟练工人需要花很长一段时间。但公司发现，盲人可以在暗室里活动自如，只要稍加培训就能上岗，而且他们的活要比正常人精细多了。柯达公司从此以后就大量招用盲人从事感光材料的制作。

某家涂料公司对全体员工进行了性格测评，但公司不是根据优点来安排工作，而是按每个人的短处来安排工作。譬如让爱吹毛求疵的人当质检员，让争强好胜的人去抓生产，让好出风头的人去搞市场公关，让斤斤计较的人去管仓库，等等。

一个人的短处是可怕的，仅仅“容忍”是不够的，“短处”是工作中潜在的炸弹。最明智的办法是利用“短处”，这样才有可能最大限度地减少它的危害，“容人之长，用人之短”，可以保证人尽其才。

当然，对于多数管理者而言，不一定能“用人之短”，那么，退而求其次，一定要“容人之短”。一位管理者若只能见人短处，而不能用人之所长，刻意挑其短而非着眼于展其长，这样的管理者本身就是一位弱者。唐代大文学家韩愈也说过，古代的资能之人，要求自己严格而全面，对待别人则宽容而简约。对己严格而全面，所以才不怠懈懒散；对别人宽容而简约，所以别人乐于为善、乐于进取……现在的人却不这样，他对别人总是说：某人虽有某方面的能力，但为人不足称道；某人虽长于干什么事，但也没有什么价值。抓住人家的一个缺点，就不管他有几个优点；追究他的过去，不考虑他的现在。提心吊胆，生怕别人得到了好名声，这岂不是对人太苛刻了吗?

管理者一定要树立这样的观念，你需要的不是没有缺点的人，而是具有优点的人，如果善加利用，你会发现每个人都是人才。

合理搭配，干活不累

一个团队里必定包含不同的人，这样的团队才能有活力。如果整个团队都是严肃的人，团队的气氛可能就比较压抑；如果整个团队都是老年人，团队可能就失去了活力。

对于管理者来说，合理搭配用人是值得关注的事情。管理者在使用人才时，应重视人才的合理搭配。使团队内各种专业、知识、智能、气质、年龄的人员，组成一个充满生机的整体优化的人才群体结构。这样做，不仅能充分发挥每一个人的个体作用，而且可使群体作用功能达到 1+1>2 的状态，并在整体上取得最佳的客观功能。

团队中的每个人能够在自己的岗位上发挥自己所长，斗志昂扬地工作，内心的不满必然减少，矛盾也就自然化解。

清代有位将军叫杨时斋，他认为军营中无无用之人：聋子，安排在左右当侍者，可避免泄露重要的军事机密；哑巴，可派他传递密信，一旦被敌人抓住，除了搜去密信，再也问不出更多的东西；瘸子，宜命令他去守护炮台，可使他坚守阵地，很难弃阵而逃；瞎子，听觉特别好，可命他战前伏在阵前听敌军的动静，担负侦察任务。

杨时斋的观点固然有夸张之嫌，但确实说明了这样一个道理：任何人的短处之中肯定蕴藏着可用之长处。在现代团队中，管理者也应当善用有短处的员工，让每一个曾经被看作是“污水”的人，也能够最终成为团队中的“美酒”员工。

10个只懂物理学的物理学家，只不过具备物理才能；而由数学家、物理学家、化学家、文学家、经济学家、工程技术学家等组成的10个人才的群体，就会产生更大的功能。除了知识、才能要互补，还有年龄、气质、个性等方面也要求互补。

如某一个单位，只有高级工程师或工程师，而缺乏助理工程师和技术员。那么这些高级工程师和工程师就会花费时间和精力来忙于本来应由助理工程师和技术员担当的工作，这就是高级、中级、初级知识水平的人才不配套所造成的人才浪费。

俗话说：“男女搭配，干活不累。”这种情形并不是恋爱似的情感或者寻觅结婚对象，而是在同一办公室中工作，如果掺杂异性在内，彼此情感在不知不觉中就会融合许多。大多数人都认为办公室内若有异性存在，就可缓解紧张、调节情绪。像这种男女混合编制，不但能提高工作效率，也可成为人际关系的润滑剂，对矛盾产生缓冲作用。

此外，团队必须有一个梯形的年龄结构，应由老马识途的老年人、中流砥柱的中年人和奋发有为的青年人这三部分人组成一个具有合理比例、充满希望的混合体，只有这样才能发挥其各自的最佳效能。

团队需要优势互补
你们各自发挥优势，就是一个好团队。
交际
实干
很多管理者总是抱怨自己的手下能人太少，其实不是能人少，而是大家重个人，轻团队，不如建立一个互补型的团队，各自发挥优势，这样才能有好的成绩。
领导者用人不仅表现在人才的量的多少上，还表现在其人才的优势组合与搭配上。组合得当，则事半功倍；组合不当，一加一则可能会等于零，甚至是负数。
一加一可能就等于三、等于四，也可能等于零。
看来得招个女员工了。
无论男性或女性，长时间从事某一单调工作时，都会效率低下。但增添了异性后，这种情况马上会得到缓解，而且效率特别高。这也是一种优势互补。

大多数团队均选用年轻下属工作，却不考虑老、中年下属也有其优点。比如在一个行业里工作多年的下属，必须对该行业有很多见解，就像一本活的字典，有着丰富的宝藏。

由于个人的生活环境存在差异，自然形成了性格、素质的独特性。有的办事迅速，行动敏捷；有的沉着冷静，勤于思考；有的感情内向，做事精细，耐力持久等。

可以说，懂得合理搭配人才的管理者才能称之为优秀的管理者。

分配工作要学会量才适用

《孙子兵法》云："故善战者，求之于势，不责之于人，故能择人而任势。"意思就是说，优秀的将帅善于捕捉时机，选择合适的人才，形成有利的形势。

有的管理者在选择团队成员的时候，认为只要团队成员的能力强，就能给团队带来正能量。殊不知，如果能力不与职位相匹配，即使是天才也难以发挥原有的战斗力。

不幸的是，很多管理者并没有学会如何给员工分配工作任务、给员工分配什么样的工作任务，没有学会在员工完成工作任务的过程中表现出必要的耐心。

把工作任务分配给员工去完成，对于大多数人来说并不是一个本能的反应，凡是能够有效开展工作的管理者，他们知道如何确定哪些工作任务应该或者不应该分配给自己手下的员工，也知道采取哪些措施来帮助下属员工成功地完成各自的工作任务。

日本某团队有一名员工最大的毛病就是上班时爱打盹儿，主管们很为这名员工的出路发愁，最后想来想去终于为他找到了一个好的工作，安排他到街上卖睡衣。这名员工在街上一边卖，一边就睡着了。顾客也因此认为睡衣的质量绝对过硬，它有催眠的功能，因此睡衣非常畅销。

这个故事告诉我们，每个人都有自己的长处和短处，管理者应该学会量才使用，以便扬长避短。古人云“峰谷并存”，意在说明山峰越高，峡谷也就越深，用今天的话来表达就是优点突出，缺点也突出，其实这属于正常现象。作为管理者，应把员工安排到最合适的岗位上，把员工的长处用到极致。

如果想要成为一名出色的管理者，必须深谙把工作任务分配给下属员工去完成的重要性。要想取得成功，需要对整个团队的工作目标有整体的了解和把握，在此基础上确定应该如何实现这些目标。这通常要求管理者把具体的工作任务分配给下属员工去完成，以便给自己留出更多的时间对下属成员进行管理，帮助他们提高技能，保持员工队伍的工作士气。

有一个证券公司的经理曾经非常困惑，很多工作十分努力、工作能力突出的员工，在接受他委派的任务后却不能圆满完成，这使他百思不得其解。最终，一个离职员工的话使他茅塞顿开。

这个员工对他说：“经理，我很喜欢咱们公司的工作环境和工作氛围，但是我发现这里的工作并不适合我。开始您让我去跑销售，别人很轻松就完成的任务，我很多天都无从下手。那个时候我非常不开心，觉得自己很笨，甚至非常灰心。后来一次偶然的机会，我进行了职业测评。测评的结果让我很惊讶，原来我不是比别人笨，也不是我不愿意干好，而是我在做一个不适合自己的工作。我以前一直在证券、期货、市场里面辗转，但是越干越不顺心。经过职业测评我发现，我是一个内向气质的人，与人沟通的能力和意愿较弱，回避失败的倾向非常高，且冒险和争取成功的倾向非常低。但是同时我处理细节的能力非常强。因此专家建议我应该去做财务、库管之类，需要细心、操作性强的工作。所以我决定重新调整自己的人生。”

听完这个员工的话以后，经理顿时觉得如同醍醐灌顶。他意识到：“与这个员工选择职业一样，分配工作也是同样的道理。在分配给员工任务之前，我有必要对每个员工都有一个全面的了解。我需要了解员工属于哪一种特质，适合哪一类型的工作。性格活泼的人，适合有挑战性的工作；性格内向的人，适合稳定的工作；有的人擅长与人打交道，有的则适合与物打交道。造物者给了人类千千万万种性格，其中也含有一定的共性。按照这种共性分类分析，就能把工作分配给最适合的人了。”

管理者在分配工作时理应注意方略，管理者要认真考虑哪些工作可以或者应该交给自己手下员工去完成。如果不经过认真的思考就作出决定，整个团队的工作环境将陷入没有秩序的混乱状态。管理者首先要从确定自己的核心职责做起，然后再确定哪些职责可以交给自己的下属员工去承担、哪些工作任务可以交给他们去完成。

管理者在给下属员工分配工作之前，一定要先了解整个团队目前的工作状况。如果一名工作能力很强的下属员工已经很忙，为了完成手头的工作任务需要加班加点，那么就不适合再给他分配新的工作任务。如果决定把某项工作任务交给一名员工去完成，一定要告诉他为什么要交给他这项任务，再同他一起制订工作计划。

在管理者决定把某项工作任务交给某一名下属员工完成之前，

一定要确定这名员工有没有成功完成这项任务的能力。不要想当然地认为所有的员工都有能力应对所有的问题——必要的情况下要给他们提供指导和培训。

还有一点也非常重要，那就是管理者要向下属员工彻底说明对他们的工作期望，然后密切监控工作的进展情况。当然，这并不意味着当工作出现问题的时候，管理者就要立即介入，代替下属员工去解决工作中的具体问题。相反，管理者应该预计到工作进行过程中可能会出现的问题，为下属员工成功解决这些问题提供必要的支持。

其实，管理者在每次分配任务时，都应该检查一下自己的个人动机。有些管理者背负着不太好的名声——把那些不好完成的工作任务甚至是“烫手山芋”交给员工去完成。在决定把某项工作任务交给员工去完成之前，管理者应该先问问自己为什么要这样做。

如果是因为这项工作任务不好完成，或是很容易得到负面反馈的话，那么最好还是把这项工作留给自己。

第五章

对员工寄予期望，小草也能长成大树

你的期望让员工迸发潜能

在心理学领域，有个著名的罗森塔尔效应。

美国心理学家罗森塔尔把一群小老鼠一分为二，把其中的一小群（A 群）交给一名实验员说："这一群老鼠是属于特别聪明的一类，请你来训练。"他把另一群（B 群）老鼠交给另外一名实验员，告诉他："这是智力普通的老鼠。"两个实验员分别对这两群老鼠进行训练。一段时间后，罗森塔尔教授对这两群老鼠进行测试，测试的方法是老鼠穿越迷宫，结果发现，A 群老鼠比 B 群老鼠聪明智慧得多，都先跑出去了。其实，罗森塔尔教授对这两群老鼠的分组是随机的，他自己也根本不知道哪只老鼠更聪明。当实验员认为这群老鼠特别聪明时，他就用对待聪明老鼠的方法进行训练，结果，这些老鼠真的成了聪明的老鼠；反之，另外那个实验员用对待笨老鼠的办法训练，也就把老鼠训练成了不聪明的老鼠。

对一所小学中的六个班的学生成绩发展预测，并把他认为有发展潜力的学生名单用赞赏的口吻通知学校的校长和有关教师，并再三叮嘱他们对名单保密。但是实际上，这些名单是他任意开的。

出乎意料的是，八个月以后，名单上的学生，个个学习进步，性格开朗活泼。原来，这些教师得到权威性的预测暗示之后，便开始对这些学生投以信任、赞赏的目光，态度亲切温和，即使他们犯了错误也相信能改正。正是这种暗含的期待与信任使学生增强了进取心，更加自尊、自爱、自信和自强，故而出现了奇迹。

这个心理效应带给我们启示：信任和期待具有一种能量，它能改变一个人的行为。当一个人获得另一个人的信任与赞美时，他便会感觉自己获得了支持，有一种积极向上的动力，并尽力达到对方的期待。

德鲁克认为，人的潜力是无穷的，当管理者提出“你能作什么贡献”这个问题时，实际上就是在督促员工要充分挖掘自己的潜力。提升对下属的期望值，就能有效挖掘下属的潜力，这对管理者来说是宝贵的经验。史考伯曾说道：“我认为，能够使员工鼓舞起来的能力，是我所拥有的最大资产。而使一个人发挥最大能力的方法，是赞赏和鼓励。”

通用电气前任 CEO 杰克·韦尔奇是期望效应的实践者。韦尔奇认为，团队管理的最佳途径是致力于激励员工完成自己的构想，并说道：“给人以自信是到目前为止我所能做的最重要的事情。”韦尔奇不仅将期望效应运用到员工身上，同样也用到自己身上。

1961 年，韦尔奇已经来到 GE 工作一年了，他的年薪是 10500 美元。这时候，韦尔奇的顶头上司伯特·科普兰给他涨了 1000 美元，韦尔奇觉得还不错，他以为这是公司对有贡献的人的奖赏，他看到了自身的价值。但他很快发现他的同事们跟他拿的薪水差不多。知道这个情况后，韦尔奇一天比一天萎靡不振，终日牢骚满腹。

一天，时任 GE 新化学开发部年轻的主管鲁本·加托夫将韦尔奇叫到自己的办公室，令他印象深刻的是这句话：“韦尔奇，难道你不希望有一天能站到这个大舞台的中央吗？”

这次谈话被韦尔奇称为是改变命运的一次谈话，后来当上执行总裁的韦尔奇也一直尊称加托夫为恩师。

他决定让自己有一个根本性的改变，这时在他面前出现了一个机遇：一名经理因业绩突出被提升到总部担任战略策划负责人，这样经理的职位就出现了空缺。我为什么不试试呢？韦尔奇想。

韦尔奇不想看着这个可以改变自己的机会从眼前溜走。“为什么不让我试试鲍勃的位置？”韦尔奇开门见山地对他的领导说。

韦尔奇在领导的车上坐了一个多小时，试图说服他。最后，领导似乎明白了韦尔奇是多么需要用这份工作来证明自己能为公司做些什么，他对站在街边的韦尔奇大声说道：“你是我认识的下属中，第一个向我要职位的人，我会记住你的。”

在接下来七天时间里，韦尔奇不断给领导打电话，列出他适合这个职位的一系列因素。

一个星期后，加托夫打来电话，告诉韦尔奇，他已被提升为塑料部门主管聚合物产品生产的经理。1968 年 6 月初，也就是韦尔奇进入 GE 的第八年，他被提升为主管 2600 万美元的塑料业务部的总经理。当时他年仅 33 岁，是这家大公司有史以来最年轻的总经理。

1981 年 4 月 1 日，杰克·韦尔奇终于凭借自己对公司的卓越贡献，稳稳地站到了董事长兼最高执行官的位置上，站到了 GE 这个大舞台的中央。

可以说，正是期望自己能站在 GE 的舞台中央，使得韦尔奇不断努力，寻找机会，最终站在了权力的最高点。即便员工已经拥有了卓越成绩，管理者也要进一步提升期望值，如向他提问“你还能作哪些贡献”，那么有可能进一步激发员工的潜能。

别人或者上级的期待，无疑将是员工成长的动力。期待什么就能做成什么，领导的期待在某种程度上决定了员工成长的高度。

善于向员工传递自己的期望是一位优秀领导者能力的标志之一。领导者如何将自己对员工的期望值有效传达给员工呢？

首先，一定要让员工明确自己对他的期望值。管理者与每一位员工交谈，都应该使用简单而直接的话语交流，来阐述团队的发展动向和对员工的工作期望。仅仅一次的沟通是不会让员工们完全理解的，他们需要定期进行有效的、重复性的沟通，以达增强和巩固的效果。

其次，要给予员工明确的目标。想要实现什么样的目标；以怎样的计划去实现目标；为达到这一目标，大家该如何去做。确保员工们了解团队的战略目标，让员工明白在团队中扮演怎样的角色和该如何去朝这个目标奋斗。

最后，作为管理者应该明白，每一位员工都有自己的思想和需求，试着了解每一位员工的个人喜好，帮助他们理解你对他们的期望，并且激发他们的工作斗志。唯有如此，领导者才能采取更加有效的方式激发员工的潜力，让他们更加努力。

不要让员工自我设限

可以发现，团队中的不少员工原本素质优秀，但做起事来畏首畏尾、谨小慎微，在自己的岗位上始终做不出成绩。管理者不禁为这样的员工而扼腕叹息：为什么他们不能放开自我呢？

这源于部分员工的自我设限。造成自我设限的原因可能是多方面的，但其始终不敢再向前迈出一步，从此限定在自己的小圈子里。

科学家曾做过一个有趣的实验。

他们把跳蚤放在桌上，一拍桌子，跳蚤迅即跳起，跳起的高度均在其身高的100倍以上，堪称世界上跳得最高的动物。然后在跳蚤头上罩一个玻璃罩，再让它跳，这一次跳蚤碰到了玻璃罩。连续多次后，跳蚤改变了起跳高度以适应环境，每次跳跃总保持在罩顶以下高度。接下来逐渐改变玻璃罩的高度，跳蚤都在碰壁后主动改变自己的高度。最后，玻璃罩接近桌面，这时跳蚤已无法再跳了。科学家于是把玻璃罩打开，使劲拍桌子，跳蚤仍然不会跳，变成“爬蚤”了。

行动的欲望和潜能已被扼杀，科学家把这种现象叫作“自我设限”。跳蚤变成“爬蚤”，原因在于玻璃罩已经罩在了它的潜意识里。

我们是否发现很多员工也为自己罩了一个玻璃罩呢？实际上，有很多人由于遭受了外界太多的批评、打击和挫折，于是奋发向上的热情、欲望变成了“自我设限”的观念，这就影响了自己潜能的开发，影响了个人的成长。

我们大多数人内心都深藏着“约拿情结”。心理学家分析，我们心中容易产生“我不行”“我办不到”等消极的念头，如果周围环境没有提供足够的安全感和机会供自己成长的话，这些念头会一直伴随着我们。

“自我设限”只是潜意识里的一种想法，只要肯走出来，肯向外拓展，那么定能不断成长。

马斯洛在给他的研究生上课的时候，曾向他们提出过如下的问题：“你们班上谁希望写出美国最伟大的小说？谁渴望成为一位圣人？谁将成为伟大的领导者？”根据马斯洛的观察和记录，他的学生们在这种情况下，通常的反应都是咯咯地笑，红着脸，显得不安。马斯洛又问："你们正在悄悄计划写一本伟大的心理学著作吗？"他们通常也都红着脸，结结巴巴地搪塞过去。马斯洛还问："你们难道不打算成为心理学家吗？"有人小声地回答说："当然想啦。"马斯洛说："那么，你是想成为一位沉默寡言、谨小慎微的心理学家吗？那有什么好处？那并不是一条实现自我的理想途径。"

人类中普遍存在某种自我设限的意识，人们总是逃避卓越、成长。曾经有一个跨国团队在招聘中出了这样一道题："就你目前的水平，你认为十年后，自己的月薪应该是多少？你理想的月薪应该是多少？"

结果，有些人回答的数目奇高，而这样的应聘者全部被录用。其后主考官解释说："一个人认为自己十年后的月薪竟然和现在差不多或者高不了多少，这首先说明他对自己的学习、前进的步伐抱有怀疑的心态，他害怕自己走不出现在的圈子，甚至干得还不如现在好。这种人在工作中往往没什么激情，容易自我设限，做一天和尚撞一天钟。他对自己的未来都没有追求，拿什么让我们对他有信心呢？"

告诉员工，不要轻易给自己设定一个"心理高度"，这往往在潜意识里是告诉自己：我是不可能做到的，这个是没有办法做到的。要知道，过去并不代表未来，不论你曾经失败过多少次、受过多少挫折，未来一定会超越这些挫折。

张伟是某家保险公司的新职员，但入职一个月时间，工作业绩始终提不上来。他自己知道原因，这还要回到他工作第一天打的第一个电话。

心理高度决定人生高度

你正在做什么，你将来会做什么？我能不能成功？能有多大的成功？这一切问题的答案，并不需要等到事实结果的出现，而只要看看一开始每个人对这些问题是如何思考的。

我应该只能干砌墙的活吧。

我要建造一栋大楼。

我要打造一个美丽的城市。

多年以后

第一个人还是一直在砌墙，苦苦劳动着。

第二个人成为了工程师。

第三个人成为了一个城市的领导者。

心有多大，舞台就有多大，心理的高度决定人生高度。所以，不要给自己设限，你的人生有无数种可能。管理者对待员工更应该如此。

当张伟热情地拨通电话，联络自己的第一个客户时，尽管已经想到了会遭遇到拒绝。但令他没想到的是，他刚说明自己的工作身份，对方就骂了起来，对方拒绝了他的推销，声称自己身体很好，不需要什么保险。从那以后，张伟对电话营销便有了阴影，说话总是没有底气，自然就没有多少人愿意向他买保险。这种影响越来越大，他甚至不再愿意去摸电话。

一个月后，他开始想，自己或许并不适合这份工作。经理鼓励他要给自己机会，没有谁是生来就注定成功的，也没有人会一直失败。听了经理的话，张伟深受激励，他鼓足勇气，决定搏一搏。他找出一个曾经联系过却被拒绝的客户资料，仔细研究他的需要，选择了一份适合他的险种。一切准备妥当后，他拨通了对方的电话，他的自信和真诚征服了那个客户，对方买下了他推销的保险。他终于打破了自我设限，从此慢慢克服了对电话营销的恐惧。

其实，自我设限远远没有想象的那样可怕，更不是牢不可破的。只要摒弃固有的想法，尝试着重新开始，便会对以前的忧虑和消极的态度报以自嘲。

每个人其实都有成功的机会，但是在面临机会的时候，只有少数人敢于打破平衡，认识并摆脱自己的“自我设限”，勇于承担追求高效能带来的责任和压力，最终抓住并获得成功的机会。管理者必须打破员工的自我设限，鼓励他们不断成长。

现实中，总有一些优秀的人由于受到“心理高度”的限制，常常对成长望而却步，结果痛失良机。管理者应该引导自己和员工及时摆脱自身“心理高度”的限制，拿掉制约成功的“盖子”。

拿破仑·希尔曾经说过，一个人唯一的限制，就是自己头脑中的那个限制。如果不想着去突破自我设限，挣脱固有想法对你的限制，那么他将会永远原地踏步。

先问是否已“全力以赴”

近代的科学家们认为，人在自己的一生中仅仅运用了大脑能力的 10%，也就是说，还有 90% 的大脑潜能白白浪费了。许多事实表明，每一个人身上都有巨大的潜能没有开发出来。而有研究更进一步指出，以前人们对大脑的潜能估计太低，我们根本没有运用大脑能力的 10%，甚至连 1% 也不到。

众所周知的比尔·盖茨是一位杰出的管理者，在他 11 岁时就能背颂《圣经》第五章到第七章的全部内容，老师惊叹，他怎么能将几万字的内容一字不落地背颂，比尔·盖茨说了一句话：“我竭尽全力。”

美国前总统卡特曾有这样的经历：

海军军官卡特 24 岁时，应召去见海曼·李特弗将军。在谈话中，将军让他挑选任何他擅长的主题。

当他好好发挥完之后，将军就问他关于所谈主题的一些问题，结果每每将他问得直冒冷汗。他开始明白，自己自认为懂得很多的，其实自己懂得很少。

结束谈话时，将军问他在海军学校学习时成绩怎样，他立即自豪地说：“将军，在 820 人的一个班中，我名列 59 名。”

将军皱了皱眉头，问：“你竭尽全力了吗？”

“没有。”他坦率地说，“我并没有竭尽全力。”

“为什么不竭尽全力呢？”将军大声质问，瞪了他许久。

此话如当头棒喝，给卡特以终生影响。此后，“全力以赴”成为了卡特的座右铭，也正是全力以赴的作风助他成为美国历史上第三十九任总统。

“你全力以赴了吗？”或许我们每个人都应该这样问自己。如果不能事事全力以赴，恐怕很难在职场中获得更大的成功。成功向来偏向付出最多努力的人，没有尽自己最大的努力，很难取得令人羡慕的成就。也许职场中的你如卡特一样，未必事事全力以赴，但还是取得了不错的成绩。但是，如果你全力以赴了，一定会比现在更出色。那还有什么理由不全力以赴以争取更大的成功呢？

工作中，我们总会遇到一些困难，想了许多办法仍无法解决。于是有人便认为已是极限，或是已经尽力，心安理得地让工作不再推进。但这真的已经是你的极限了吗？如果把你逼到了角落，你会发现，“尽力”“极限”只不过是借口，自身的潜能还能被逼出来，问题也能最终被解决。

面对生活工作中的问题，我们要做的不是惧怕，不是失去信心，而是迎难而上，竭尽全力，直到最后。

在管理工作中，会发现很多人在一个团队待久了，可能遭遇一种“职业停滞期”。例如，有些人因为自身没有很好的职业规划，对接受新知识的态度不是很积极，结果导致自己的创新能力跟不上新员工，眼看着身边的新员工一个个地加薪、晋职，他们陷入一种深深的“能力恐慌”中。然而，面对自己职业上的停滞，他们更多的是埋怨团队没能给他们职位提升的空间。

其实“解铃还须系铃人”，要突破这种职业停滞期，我们要学会“自我革命”，只有全力以赴，不断地突破自我，才能够不断成长。惠普公司前 CEO 卡莉·菲奥里娜就深知其中的道理。

在卡莉上任之时，惠普公司正面临着很大的困境，已经到了被市场淘汰的边缘。要使惠普摆脱现状，就要完全改变这个公司。

只有改变才能让惠普摆脱危机，继续生存和壮大。

然而，惠普公司的老传统根深蒂固地存在于惠普员工的心中，变革意味着要剔除掉员工脑子里原来一些停滞的不再发挥效力的思想，注入新的思想和新的理念，这并不容易。因为习俗的势力太强大，容易阻碍变革，原本舒适的事物使人产生依赖，而且变革势必会影响一些人的利益，会引起一些所谓“老人”的极力反对。但是卡莉力排众议，在惠普公司进行了大刀阔斧的变革，兼并康柏公司之后，这种变革的步伐更大了。2002 年，惠普公司一跃成为 IT 业的老二。卡莉的进取精神，终于使惠普摆脱困境，渡过了被淘汰的危机，取得了卓越的成就。

后来，卡莉说：“我认为董事会之所以挑选我担任惠普的 CEO，就是因为惠普作为一家高科技团队，已经到了需要改变的时候了。当时的惠普已经在许多重要的方面都落后于其他科技团队，在出局和团队进取之间，我们只能选择全力以赴，我们成功了！”

卡莉全力以赴地去奋斗，终于为自己、为团队赢得了成功。所以，无论做任何事，务必全力以赴，它将决定一个人日后事业上的成败。一个人一旦领悟了全力以赴地工作能消除工作辛劳这一秘诀，他就掌握了打开成功之门的钥匙了。

“不管做什么事，都要全力以赴。”罗素·康威尔说。成功的人绝对不会以做完为目标，他们不管做什么事情，只会全力以赴以达到更高效的结果。

“你全力以赴了吗？”管理者要时刻这样问自己，也要把这样的问题抛给自己的下属们，激励自己和整个团队迸发出所有的潜能。

只有全力以赴，抓住一切机会提高自己，才能够逐渐强大，否则，很容易失掉竞争和生存的能力，留给自己的只有岁月的蹉跎和时光的惋惜。

给予适当的压力

运动场上经常会看到这样的现象：运动员在面临大场面的锦标赛或奥运会决赛时，他们的水准发挥得最好。对大赛的这种压力，不同的人有不同的反应。有些人被压力压垮，但另一些人则借压力刷新世界纪录。这些大赛场合，也往往是打破世界纪录最多的场合。

人们在正确认识压力的同时，还应该感谢压力所赐予的其他东西，即激发人的潜能。古语曾有“置之死地而后生”“破釜沉舟”等说法，讲的就是事情往往到了压力的关头才有转机，当事者才不得不冷静下来，绞尽脑汁去思考转危为安的方法。

在工作中，管理者要对员工施加适当的压力。有压力，才不会使员工在现实中慢慢地腐朽，才会使他始终保持着昂扬的斗志。因此，给下属一定的压力，其实也是一种激发潜能的方式。

一个富有的父亲决定为女儿招一个勇敢、勇于拼搏的夫婿，举行了公开招亲。这天，他和女儿站在河的一边，应征者在另一边。条件很简单，能游过河的人就可抱得美人归。

但没人敢动，因为他们都注意到了这样一个事实：河里有吃人的鳄鱼。忽然，有个年轻人“扑通”一声跳下了河，飞快地游了起来，鳄鱼很快发现了他，在后面追赶，年轻人游得更快，好在河面不宽，年轻人终于在鳄鱼赶上他之前爬上了岸。

姑娘很高兴，新婚之夜问他：“别人都不敢动，你为什么敢下水，难道你不怕鳄鱼吗？”

新郎给出了这样的答案：“当然怕，其实我是被别人推下水的。在下水的一刹那，我还咒骂是谁推我下水的。可是既然下了水，就得全力以赴，因为后面有鳄鱼在追赶啊！”

的确如此，如果不努力地游，可能他就没有机会上岸了；努力，就得到了成功，赢得了爱人。如果我们时时有那种危机感，时时想象有鳄鱼在我们身后追赶，做任何事都全力以赴，我们还能不成功吗？

一个人的潜能往往是在迫不得已的情况下被激发的。管理者不仅不怕“逼”，而且还主动“逼”员工，让他们经常处于一个积极进取、创新求变的紧张状态，使潜能时常处在激发状态。

歌德曾说过：“人的潜能就像一种强大的动力，有时候它爆发出来的能量，会让所有的人大吃一惊。”

一位中国留学生刚到澳大利亚时，为了糊口，替人放羊、割草、收庄稼、洗碗……只要给一口饭吃，他就会暂且停下疲惫的脚步。

有一天，在唐人街一家餐馆打工的他，看见报纸上刊出了澳洲电讯公司的招聘启事。他选择应聘线路监控员的职位。过五关斩六将，眼看就要得到那个职位了，没想到招聘主管却出人意料地问他有没有车、会不会开车，因为这份工作时常外出，没有车将寸步难行。可这位留学生初来乍到还属无车族，但为了争取这个极具诱惑力的工作，他不假思索地回答了有车、会开车。

“四天后，开着你的车来上班。”主管这样说。

四天之内要买车、学车谈何容易？

他在华人朋友那里借了500澳元，从旧车市场买了一辆外表丑陋的“甲壳虫”。

第一天，他跟华人朋友学简单的驾驶技术；

第二天，在朋友屋后的那块大草坪上模拟练习；

第三天，他歪歪斜斜地开着车上了公路；

第四天，他居然驾车去公司报到了……

而今，他已是“澳洲电讯”的业务主管。

大凡成功人士都经受过无数次压力，每天都觉得“身后有匹狼”。我们不应该逃避压力，相反，为了挖掘自己的潜能，应为自己创造一定的压力环境。

潜能库是如何被找到的呢？我们现在使用的许多东西，当初发明它们的创意就是被逼出来的。

格德纳是加拿大某家公司的普通职员。一天，他不小心碰翻了一个瓶子，瓶子里装的液体浸湿了桌上一份正待复印的重要文件。

格德纳很着急，因为文件上的字可能因此看不清了，这可是闯了大祸。他赶紧抓起文件来仔细察看，令他感到欣慰的是，文件上被液体浸染的部分，其字迹依然清晰可见。当他拿去复印时，又一个意外情况出现了，复印出来的文件，被液体污染后很清晰的那部分，竟变成了一团黑斑，这又使他转喜为忧。

为了消除文件上的黑斑，他绞尽脑汁，但一筹莫展。在万分无奈之际，突然，他的头脑中冒出一个针对“液体”与“黑斑”倒过来想的念头。自从复印机发明以来，人们不是为文件被盗印而大伤脑筋吗？为什么不以这种“液体”为基础，化其不利为有利，研制一种能防止盗印的特殊液体呢？

格德纳利用这种逆向思维，经过长时间艰苦努力，最终把这种产品研制成功。但他最后推向市场的不是液体，而是一种深红的防影印纸，并且销路很好。

格德纳没有放过一次复印中的偶然事件，由字迹被液体浸染，复印出的却是黑斑这一现象，联想到文件保密工作中的防止盗印，由此开发了防影印纸。格德纳发掘潜能，与他在这种紧张的情况下逼出自己的新创意是紧密相连的。

由于没有学会观察与思考，往往是视而不见、听而不闻或见而不思、闻而不想，所以根本找不到解决问题的创意和方法。如果真正学会了观察与思考，善于从繁杂万状的日常生活中捕捉信息，探求真谛，就会涌现无限的潜能，找到无限的创意了。

给予适当的压力，一方面要勇于接受挑战，把自己丢进新条件、新情况、新问题中，逼到走投无路，才会想方设法、破釜沉舟，才会背水一战，如兵法所说“置之死地而后生”。另一方面，要用自律来逼，用目标管理、时间管理来逼，用行动结果来逼自己迸发自身的潜力。

适度的压力可以焕发员工的潜能，让他们激发工作动力。管理者要明白，必要的压力可以起到极好的激励效应，甚至要比其他的激励方式更能够立竿见影。

摆脱对未知的恐惧

恐惧源自人们对未知事物的本能害怕。任何成长总是带着与生俱来的不安全感，探索陌生的环境，向前拓进。成长象征着拓展生命的土地，让陌生的变成熟悉的，让曾经可怕的变得不再那么可怕。

成长是一场谨慎而又谨慎的冒险，每迈出一步，都须在确保安全的情况下进行。

在母亲的陪伴与鼓励下，婴幼儿尝试去接触和探索陌生而恐怖的周遭环境。他很早就能够辨识母亲的面孔，熟悉她的声音和气息。接着，他开始偶尔把注意力转向环境，用眼光跟踪移动的物体，用手去摸抓，用牙齿去咬，他在探索。

他渐渐熟悉更多的陌生事物。从爬行到走路，是一个尝试性的重大胜利。有了这个能力，他的世界开始变得开阔起来。接下来，他会去进行一场新的冒险——目的地是他家门前的那片神秘、可怕，但又充满吸引力的小树林。终于，那片陌生的小树林变成了熟悉的小树林，他不再害怕它，他渐渐喜欢它，他甚至决定邀请他的小伙伴到小树林里去，而且，他一定是走在最前面的那一个。

后来，他得离开家乡到很远的地方去读书，他有些害怕，因为那个遥远的地方像是一片更大的陌生树林，显得神秘、阴郁而可怕，但他决定去，然后就走进去了。

再后来，他开始工作，经历了许多陌生的地方，他熟悉的世界也越来越大了，他的土地越来越开阔，而且总有阳光灿烂的日子。原来，他意识到把陌生变为熟悉，把恐惧变为安全，是人生成长的路。

最后，他回头望去，原先看似恐惧的东西再也不能让他恐惧。而他还要继续走下去，走到人生旅途的目的地——把整个陌生的世界变成熟悉的家。

其实，未知的不安全带来的恐惧并不可怕，可怕的是我们因为恐惧而退缩，无法继续前行；可怕的是我们沉寂在自我暗示中，放弃了成长的步伐。如果我们能正视恐惧，发现成长的力量，成功就在不远的未来。

作为“杂交水稻之父”的袁隆平曾深有感触地说：“在研究杂交水稻的实践中，我深刻地体会到，一名科研工作者应该做到尊重权威但不迷信权威，多读书但不能迷信书本，在研究中不能害怕标新立异，也不能总是害怕被人冷嘲热讽。如果总是处在迷信和害怕中，那么永远也无法创新，也只能永远跟在别人后面。想要在科技方面创新，科研者既需要拥有仁者的胸怀、智者的头脑，又需要有勇者的胆识和智者的坚韧。我们就是要做到敢想、敢做、敢坚持，相信自己能够自主创新，这样才能取得最后的成功。”

管理者需要做的是，鼓励自己和员工突破原有的恐惧，就能不断突破自己的潜能，从而不断成长起来。

麦克·英泰尔是一个平凡的上班族，但是他从小就是一个懦弱的人：小时候他就怕保姆，怕邮差，怕鸟，怕猫，怕蛇，怕蝙蝠，怕黑暗，怕大海，怕城市，怕荒野，怕热闹又怕孤独，怕失败又怕成功，怕精神崩溃……他无所不怕。

37 岁那年，他做了一个疯狂的决定，只带了干净的内衣裤，由阳光明媚的加州靠搭便车与陌生人的仁慈，横越美国。

他的目的地是美国东海岸北卡罗来纳州的恐怖角。

4000 多英里的路途中，他没有接受过任何金钱的馈赠，在雷雨交加的夜晚睡在潮湿的睡袋里；也有几个像公路分尸案杀手或抢匪的家伙使他心惊胆战；在游民之家靠打工换取住宿；住过几个陌生的家庭；碰到过患有精神疾病的好心人。

最后，恐怖角到了，但恐怖角并不恐怖。原来“恐怖角”这个名称，是由一位 16 世纪的探险家取的，本来叫“Cape Faire”，被讹写为“Cape Fear”。只是一个失误。

当你对严峻的现实感到束手无策时，如果屈服于内心的“纸老虎”，只会更加的恐惧。事实上，任何问题都不像我们想象的那么可怕。只要能克服内心的恐惧，和麦克·英泰尔一样，勇敢而执着地坚持，就会发现困难并没有想象中的那么可怕。

只要你有一颗勇敢的心，那么无论在你身上发生什么事，都无法影响到你。当你意识到自己从伟大的造物主那里获得源源不断的能量时，能真正影响到你的事情根本没有几件。因为，无论什么事情降临在你身上，你都可以保持你内心的平静，勇敢面对。

管理者在日常的工作生活中，一定不能缺乏的是挑战强者，挑战权威，挑战固有“神话”的勇气和意识，因为只有这样，我们才能在挑战中不断超越自己、完善自己。

一个能勇于摆脱恐惧的管理者，他必定能激发自己的潜力，能很好地把团队带到新的高度。当管理者赋予团队挑战的气质，就是在一定程度上赋予团队竞争力。帮助团队学会在竞争中抓住机会，不断去打破恐惧，在挑战中不断壮大自己，直至成功。

第六章

响鼓须用重锤，把身边的『庸才』变干将

提升能力，贡献力量

无论在什么时候，有价值的人才永远不被社会所淘汰。管理者要告诫团队中的每个人，唯有体现出了自己的价值，为团队贡献自己的价值，才能立于不败之地。

人活在这个世上，就是为了实现自我价值而生存的。若不发挥自己的工作能力，就永远也找不到自己的存在价值。

小刘在国外学经济管理专业，仪表堂堂，人品又好，说话办事能力也行，真属德才兼备。按理说，回国后本可找一份很体面的工作，可他死活不愿意给别人打工。自己创业，却屡创屡赔。一开始，他怨天尤人，说什么自己怀才不遇，没找到好的合作伙伴，之后就一直“啃”老，直到最后不好意思再“啃”父母了，才找几个很要好的朋友借钱，说要出来租房子住。这时朋友们都劝他，他这才肯去找工作。

面试了几家公司，他不是嫌公司小，就是嫌没发展，或是整个行业的前景不好。他的外语水平八级，这是他的专长，可他却偏偏误在他的专长里。好不容易找到了一份稳定的工作，上班第二天，经理刚好有急事说要出去，嘱咐他代替自己接待一个美国客户。遇到这种情况，他也不知道经理是在考验他，还是真的信任他，他心想，谈得好或不好都没有他的好处，谈好了生意是经理的，自己顶多可以给经理留下个好印象，谈不好的话就是他的

如何提升自己的工作能力

从自身学习修炼开始。不断增多自己的知识，扩大自己的发展空间。

向他人学习，让合作带动自己前进。任何人身上都有值得我们学习的地方，所以，要善于请教。

作为员工，应具备一双睿智的眼睛去发现责任，然后积极主动地去承担责任，体现自己的忠诚，才能使自己获得认可和信任，进而实现自身价值。

金子只有被挖掘出来才能绽放光芒，作为职业人同样如此，所以，职业人只有懂得提升自己的价值，才会被重用，实现自身价值。

责任，他有一种委屈的感觉。

他的朋友劝他，人活在世上是避免不了经办一些以前没有接触过的难事，只有经过这些磨炼，才能迅速成长，成为有用之人，为团队担当责任。

被差遣，换一种角度来看就是被需要。必须让员工明白，被团队所需要恰恰证明这个人有能力。并不是每个人一进入团队就具备被差遣的能力，与生俱来就拥有岗位所需要的能力，这种能力更多的时候是在工作中锻炼出来的。

人本身没有能力，干得多，实践得多，自然就具备了能力。

有一个名牌大学中文系毕业的硕士生，被一家出版公司聘用为编辑。他住在一套租来的房子里，工资不高，日子过得很清苦，但这并没有妨碍他的工作热情。除了做好本职工作，他还总是给其他部门帮忙，排版、印刷、销售等部门的人要是忙不过来的时候，只要他有空，一定是有求必应。午餐时间，他总是很快吃完饭，然后跟其他部门的同事聊天。下班以后，还常跑到公司的库房帮忙，甚至干一些搬运图书的体力活。他做这些都是义务的，从来没有额外的报酬。有人说他很傻，不给钱还白干活。但随着时间的推移，他这种“傻”的好处逐渐显露出来：他升职特别快，从原来的普通编辑升为高级编辑，又从高级编辑升为副主编、主编。不管在哪个职位上，他总是努力学习，尽可能掌握更多的知识。

凭着被公司的“开发”，被别人的“差遣”，故事中的年轻人练就了一身本领，并最终成就了自己的事业。事实上，增强自己的能力，巩固自己的地位，开创自己的未来，最好、最快的办法是努力工作，提升“被差遣”的价值。工作中的实践锻炼是提升自己的最有效的手段。

只有在提升自己的被差遣价值，才能不断提升自己。而那些唯恐自己被差遣的人，即便是拥有一身好本领，也会停留在原有的基础上而不会有半点进步。

做“蘑菇”，不做“豆芽菜”

豆芽生长的速度之快，令人叹为观止，短短一夜之间，竟能抽长六七厘米，且外表看起来既壮硕又饱满。然而，豆芽的质地却异常脆弱，稍遇外力便应声断裂。豆芽之所以能够在短期内抽高，并非内里坚实，实为充斥大量的水分，这种现象被称为“豆芽现象”。

在我们的团队里，与“豆芽现象”相对的是“豆芽员工”。它是指这样一类员工，他们初学一项专业，由不会到会的阶段，大致能掌握专业的“形”，学得快的话，很快就会觉得“学会了”，随后，即急于转入其他领域，却同样只学到“形”就急于转换。从表面上看好像学了很多，实际上都只学到了该行业的一些常识，真正要用时便不堪一击。

李默研究生毕业后来到了一家大团队，踌躇满志的他本想大展拳脚，可他到新单位工作近一年来，除了接电话、开会、收发传真等基本工作，再没有得到任何展示自己的机会，这和他想做一个职业经理人的想法相差甚远，于是，他总是觉得自己的能力没有发挥出来。

李默认为，部门里的很多同事不过是本科生，论学历、才华根本比不过自己。急于表现自己能力的李默，三番四次主动请缨向老板申请任务。于是，老板就给了李默一项大任务，让他去开发西部的市场。说是给他一个大任务，其实就是想给李默一个教训。老板在派李默去的同时，暗暗安排了一位得力的王经理从旁观察。果然不出老板所料，由于李默没有任何市场开拓的经验，在西部开拓市场的过程中屡屡碰壁，不仅没有取得任何成效，而且个人自信心也大大受挫。还好有多年市场经验的王经理及时出现并顺利地展开了工作，使得西部开发工作能够稳步推进。有了这次经历以后，李默意识到了自己能力上的不足，再也不好高骛远了，而是静下心来努力向身边的老同事和上司好好学习。

李默的案例就是典型的职场中的“豆芽现象”。成功在久不在速，只有扎扎实实地成长，才经得起考验。

与“豆芽员工”相对的是“蘑菇员工”，“蘑菇员工”是指这样一类人，他们的处境很像蘑菇：被置于暗淡的角落（不受重视的部门，或做着打杂跑腿的工作），浇上一头大粪（批评、指责、受过），任其自生自灭（得不到更多的指导和提携），却最终成长起来。

相信很多职场人都会有一段“蘑菇”经历，但不一定是什么坏事，当“蘑菇”是有自知之明，是为了我们尽快成熟起来。

齐飞刚进华为的时候，公司正提倡“博士下乡，下到生产一线去实习、去锻炼”。实习结束后，领导安排他从事电磁元件的工作。堂堂电力电子专业的博士理应做一些大项目，不想却坐了冷板凳，齐飞实在有些想不通。

想法归想法，工作还要进行。就在齐飞接手电磁元件的工作之后不久，公司出现电源产品不稳定的现象，结果造成许多系统瘫痪，给客户和公司造成了巨大损失，受此影响，公司丢失了5000万以上的订单。在这种严峻的形势下，研发部领导把解决该电磁元件问题故障的重任，交给了刚进公司不到三个月的齐飞。

在工程部领导和同事的支持与帮助下，齐飞经过多次反复实验，逐渐清晰了设计思路。又经过60天的日夜奋战，齐飞硬是把电磁元件这块硬骨头啃下来了，使该电磁元件的市场故障率从18%降为零，而且每年节约成本110万元。现在，公司所有的电源系统都采用这种电磁元件，时过近两年，再未出现任何故障。

之后，齐飞又在基层实践中主动、自觉地优化设计和改进了100A的主变压器，使每个变压器的成本由原来的750元降为350元，每年为公司节约成本250万元，并对公司的产品战略决策提供了依据。

小小的电磁元件这件事对齐飞的触动特别大，他不无感慨地说道：“貌似渺小的电磁元件，大家没有去重视，结果我这样起初‘气吞山河’似的‘英雄’在其面前也屡次受挫、饱受煎熬，坐了两个月冷板凳之后，才将这件小事搞透。现在看起来，之所以出现故障，不就是因为绕线太细、匝数太多了吗？把绕线加粗、匝数减少不就行了？而我们往往一开始就只想干大事，而看不起小事，结果是小事不愿干，大事也干不好，最后只能是大家在这些小事面前束手无策，慌了手脚。当年苏联的载人航天飞机在太空爆炸，不就是因为将一行程序里的一个小数点错写成逗号而造成的吗？电磁元件虽小，里面却有大学问。更为重要的是，它是我们电源产品的核心部件，其作用举足轻重，非得要潜下心、冷静下来，否则，不能将貌似小小的电磁元件弄透、搞明白。做大事，必先从小事做起，先坐冷板凳，否则，在我们成长与发展的道路上就要做夹生饭。现在看来，当初领导让我做小事、坐冷板凳是对的，而自己又能够坚持下来也是对的。有许多研究学术的、搞创作的，吃亏吃在耐不住寂寞，总是怕别人忘记了他。由于耐不住寂寞，就不能深入地做学问，不能勤学苦练。他不知道耐得住寂寞，才能不寂寞。耐不住寂寞，偏偏寂寞。”

齐飞的这段话适合于各行各业和各类人员，凡想获得成功的人，都应该先学会耐得住“蘑菇”时期的寂寞，先学会坐冷板凳，先学会做小事，然后才能做大事，这样才能取得更大的业绩。

实际上，任何一个成功的人并不是一开始就“高人一等”、风光十足的，他们也曾有过艰难曲折的“爬行”经历，然而，他们却能够端正心态、沉下心来，不妄自菲薄，不怨天尤人。他们能够忍受“低微卑贱”的经历，并在低微中养精蓄锐、奋发图强，尔后他们才攀上人生的巅峰，享受世人的尊崇。试想，若不是当年的“低人一等”，哪里会有后来的“高人一筹”呢?

只有埋头努力，做不断成长的“蘑菇”，不断提升自己，才能为自己赢得更广阔的发展空间。

对于管理者而言，必须让员工认识到，没有任何工作是卑微并且不需要辛勤努力的。要知道，无论多么优秀的人才，只有放下架子，埋头干活，打牢根基，才能在日后有所作为。

“批评”要有目的性

批评是一种教育方法，那是因为批评是爱的体现。不断地批评与自我批评能鞭策人不断进步。

孔子的学生宰予曾经白天睡觉，孔子批评他“朽木不可雕也”。后来，宰予终于成了孔子的高足。正是孔子的严格要求，时常的提点，才培养出一大批人才，孔子的批评中无处不渗透着对学生的爱。

日本作家川澄佑胜在《被骂的幸福》一书中讲过这样一个

故事：

有一位在森林里修行的人，非常纯净，也非常虔诚，每天只是在大树下思考、冥想、打坐。一天，他打坐时感到昏沉，就起身在林间散步，不知不觉走到一个莲花池畔，看到满池莲花正在盛开，十分美丽。清风徐来，阵阵莲香沁人心脾，不禁心生爱意。

修行人心里起了一个念头：这么美的莲花，我如果摘一朵放在身边，闻着莲花的芬芳，精神一定会好很多呀！

于是，他弯下腰来，在池边摘了一朵，正要离开的时候，听到一个低沉而巨大的声音说：“是谁？竟敢偷采我的莲花！”

修行人环顾四周，什么也没有看到，只好对着虚空问道：“你是谁？怎么说莲花是你的呢？”

“我是莲花池神，这森林里的莲花都是我的，枉费你是个修行人，偷采了我的莲花，心里起了贪念，不但不知反省、检讨、惭愧，还敢问这莲花是不是我的！”空中的声音说。

修行人的内心生起深深的惭愧，就对着空中顶礼忏悔：“莲花池神！我知道自己错了，从今以后痛改前非，绝对不会贪取任何不属于自己的东西。”

当修行人正在惭愧忏悔的时候，有人走到池边，自言自语：“看！这莲花开得多好，我该采了到山下贩卖，卖点钱，看能不能把昨天赌博输的钱赢回来！”那人说着就跳进了莲花池，踩过来踩过去，把整池的莲花摘个精光，莲叶也被践踏得不成样子，池底的污泥也翻了起来。然后，他捧着一大束莲花，扬长而去。

修行人期待着莲花池神会现身制止，斥责或处罚那摘莲花的人，但是池畔一片静默。

他充满疑惑地对着虚空问道：“莲花池神呀！我只不过采了一

批评下级时要注意

下级难免犯错，作为领导，该怎么批评才好？这是每一位领导都要考虑的问题。领导在批评下级时，要注意以下要点：

朵莲花，你就严厉地斥责我，刚刚那个人采了所有的莲花，毁了整个莲花池，你为何一句话也不说呢？”

莲花池神说：“你本来是修行人，就像一匹白布，一点点的污点就很明显，我是不忍心见到你因为贪恋香气而陷入轮，长期受苦，好心苛责你，所以我才提醒你，赶快去除污浊的地方，恢复纯净。那个人本来是满身的罪恶，就像一块抹布，再脏再黑他也看不出任何的痕迹。我也帮不上他的忙，只能任他自己去承受恶业，所以才保持沉默。”

一位打拼多年的朋友在酒桌上曾深有感触地说：“十年前我最怕的是批评，十年后我最难得的也是批评。”的确，小批评则小进步，大批评则大进步。

事实上，任何人都会犯错。领导批评员工，要让员工感受到一种重视，所以要正确看待批评的作用，当然，员工能够接受批评是成熟的表现，也是自信的表现。

从失败中汲取教训，才是开始踏上成功的台阶。面对批评的态度，决定着员工是否能承受挫折，也关乎整个团队文化的塑造以及竞争力的培养。想要成为优秀员工，现在就该养成接受批评的勇气，虚怀若谷。

杰夫·伊梅尔特在接手美国通用公司之前，曾差点被杰克·韦尔奇扫地出门。1994年，伊梅尔特当时是公司的副总裁兼塑料部门的总经理。当时，该部门陷入两难境地，一边是原材料价格的上涨，另一边是已经签好的合同。伊梅尔特一筹莫展。当年，他的部门只实现了7%的利润增长，与20%的增长目标差了一大截。此后的年度领导人会议上，伊梅尔特迟到早退，希望避开外号为“中子弹杰克”的老板。可是，会议最后一天的晚上，在他冲出电梯就要冲进自己办公室的时候，他感到有只手拍了拍他的肩膀。没错，正是韦尔奇。韦尔奇对他说："杰夫，我是你最忠实的粉丝，但是，你刚刚度过了公司最糟糕的一年。只是最糟糕的一年。我爱你，我知道你能做得更好，可如果你不能扭转局面，我准备开除你。"伊梅尔特回答道："如果不如人意，你也不必开除我，因为我自己会主动辞职。"

此后，伊梅尔特一方面狠抓成本控制，另一方面大力开拓市场，终于取得可喜的业绩。若干年后，当伊梅尔特回忆起这段经历时还无限感慨："生意场上就像生活中一样，坏事有时候会发生在好人身上，好事有时候会发生在坏人身上。出现问题和挫折时，要承认现实并积极改进。"

没有韦尔奇的批评，伊梅尔特不会具备解决问题的勇气；伊梅尔特如果不能接受批评并努力改进工作，也不会有后来事业上更大的成功。韦尔奇敢于批评，伊梅尔特勇于接受批评，从而成就了通用公司后来的事业。

在工作中，被上级批评并不一定是坏事。要设法让员工明白，批评他，是因为重视他，是因为他的工作还没有达到你所期望的。千万不要向下级传递这样的理念，批评他只是领导发泄个人不满的方式。

因此，对下级的批评使用何种措辞、何种方式，恐怕也要动一番脑筋。

能力是锻炼出来的

我们发现，很多人总喜欢抱怨，抱怨命运不公平。在同一个团队工作，为何有的人平步青云，有的人开创了自己的事业，而有的人却还是几十年不变，能力怎么也得不到提升？

回答这个问题并不难，著名投资专家约翰·坦普尔顿通过大量的观察研究，得出了一条很重要的结论：“取得突出成就的人与取得中等成就的人几乎做了同样多的工作，前者仅仅是多做了一分努力，却取得了与后者有天壤之别的成就。”

不是上天不公平，而是自己不够努力。希望能力不断提升，最好的方法就是：用努力改变现状，用能力创造公平。

美国著名的《时代周刊》总编查尔斯一开始只是一个周薪6美元的《论坛报》的责任编辑，可是他为什么后来能够取得这么大的成就呢？我们可以从他日记中的几句话找到原因：“为了收获成功的机会，我必须比其他人更努力地工作。当我的伙伴们在剧院时，我必须在房间里；当他们在熟睡时，我必须在学习。”查尔斯坚持每天工作13~14个小时，正是这种努力使他获得成功。

陈安之也说过：“我发现一个人之所以成功，是因为他行动的次数比别人多。我发现我之所以在30岁之内创造出非常惊人的绩效，是因为我行动的次数比任何人都要多。”

在团队这个集体中工作，遇到一些不公平的事情是正常的，也是暂时的。如果团队的每个人经常把不满、不幸的事挂在嘴边，认为是命运在跟自己过不去，过分强调外在因素，而没有从自身查找原因，就会陷入抱怨的深渊，看不到成功的曙光，能力也将永远停留在过去的水平线上。

很多时候，我们应该提醒员工，适时地检视一下自己是不是足够努力、是不是尽了全力，而不是一味地抱怨自己缺少成功的机会。

一只乌鸦打算飞往南方，途中遇到一只鸽子，一起停在树上休息。鸽子问乌鸦：“你这么辛苦，要飞到什么地方去？为什么要离开这里？”乌鸦叹了口气，愤愤不平地说：“其实我不想离开，可是这里的居民都不喜欢我的叫声，他们看到我就撵，有些人还用石子打我，所以我想飞到别的地方去。”鸽子好心地说：“别白费力气了。如果你不改变你的声音，飞到哪里都不会受欢迎的。”

连目前的工作都做不好，换个地方就能做好吗？有的人总说自己怀才不遇，那必须建立在自己真实有能力的基础上，试问，他觉得自己有比尔·盖茨的才华吗？如果员工只是抱怨工作中的各种不公平，那么有没想到是不是自己努力得不够？

比尔·盖茨在参加博鳌亚洲论坛2007年年会期间，在一次与中国网友网上讨论时，接受了近两万名网友的提问。其中，大家向比尔·盖茨问得最多的问题是：“你成功的主要原因是什么？”比尔·盖茨的回答是：“工作勤奋，我对自己要求很苛刻。”

在微软创业初期，比尔·盖茨就异常勤奋努力。微软老员工鲍伯·欧瑞尔说出了他1977年进入微软公司时比尔·盖茨的工作状态：“那时候比尔满世界飞。他会亲自跑到各个公司跟人家谈，比如德州设备、施乐公司、德国西门子公司、法国公牛机器公司。那些公司会有一大帮技术、法律、销售及业余人员围着他，问他各种问题。比尔经常单枪匹马参加世界各地的展览会，推销产品。比尔整天都在销售产品，有时他刚出差回来就连续上班24小时，累了就在办公室睡一小会儿。”

虽然微软的员工们工作非常卖力，但都勤奋不过他们的老板比尔·盖茨。事实上，比尔·盖茨至今依然如此勤奋努力，哈佛商学院的案例中有这样的说法：“盖茨好像就住在办公室，他每天上午大约9点钟来到办公室后，就一直待到半夜，休息时间似乎就是吃这顿晚饭的几分钟，吃完后他又继续忙开了。”

每个精英的故事都有类似的描述。当不切实际的员工总是羡慕别人坐拥巨富享受高品质的生活时，当他们妒忌别人拿着高薪坐着高位时，当他们看到机会总是让别人遇到时，他们也许会抱怨世界真不公平。但是，必须让他们在做这些事之前，深刻反省自己：“我够努力了吗？”

其实，这个社会很公平，关键在于有没有做到足够好、尽到全力。如果你能让自己的员工化抱怨为学习的动力，用时间磨炼自己，用努力改变自己，用事实证明自己，你的团队将会充满干劲和活力。

让员工乐于“被折腾”

只有经得起摔打，才能成长。这是世代相传的颠扑不破的真理，也是成为优秀员工的必经之路。

这条路，尽管充满艰辛，但前途光明。在当今信息化的社会里，每个人在职业生涯中要想迅速成长、百炼成钢，就必须成为一颗坚韧的咖啡豆，经历摔打的磨炼。

女孩总是不停地向父亲抱怨，生活太艰难了，总是一个问题刚刚解决，新的问题就又出现了，烦琐的职场人际关系使她不知该如何应付。她已经厌倦了抗争和奋斗，想要自暴自弃了。

女孩的父亲是个厨师，听到女儿的抱怨，他什么也没说只是把她带到了厨房。他在三个壶里分别装满了水，然后放到炉上烧。很快，壶里的水被煮开了。他往第一个壶里放了些胡萝卜，往第二个壶里放了几个鸡蛋，在最后一个壶里放了些磨碎的咖啡豆。

女儿在一旁不耐烦地等着，对父亲的行为很不理解。20分钟后，父亲关掉了火炉，把胡萝卜捞出来，放到一个碗里。又把鸡蛋拣出来放进另一个碗里，接着把咖啡倒进一个杯子里，然后转过头来，对她说:“亲爱的，你看到的是什么？”

“胡萝卜、鸡蛋和咖啡。”她答道。

父亲要她去摸胡萝卜，她摸了之后，感到胡萝卜变柔软了。然后，他又要她去拿一个鸡蛋并把它敲破，在把壳剥掉之后，她观察了这个煮熟的鸡蛋。最后，父亲要她饮一口咖啡。尝着芳香四溢的咖啡，她微笑起来。

“这是什么意思，父亲？”她谦逊地问道。

父亲解释说，这些东西面临着同样的逆境——煮沸的水。但它们的反应却各不相同。胡萝卜本是硬的，坚固而且强度大，但受到煮沸的水的影响后，它变得柔软而脆弱；鸡蛋本来易碎，薄薄的外壳保护着内部的液体，但是在经历过煮沸的水以后，它的内部却变得坚硬；最独特的却是磨碎的咖啡豆，当它们被放入煮沸的水之后，它们却改变了水。

“哪一个是你呢？”他问女儿。

其实，这里的胡萝卜、鸡蛋、咖啡豆，代表了员工对于挫折和困难的三种态度。我们应该让员工成为“咖啡豆”，这需要我们在艰苦的、不利的情况下，仍能克服外部和自身的困难，坚持完成任务。当处于巨大压力或产生可能会影响工作的消极情绪中时，能够运用某些方式消除压力或消极情绪，避免自己的悲观情绪影响他人。

“咖啡豆”型的人之所以受到欢迎是因为：一方面，他们能够在困难和挫折面前保持自己的风格和理念，具有很强的坚韧性；另一方面，他们还能凭借自身的能力改变逆境。

失败与磨难是工作的一种常态，面对困境是勇敢迎上，还是退避三舍，是决定一个人能否成长为优秀员工的重要因素。

摔打、折腾其实就是管理者对优秀员工最好的考验。正如柳传志有一句名言所说：“折腾是检验人才的唯一标准。”在联想，作为接班人的杨元庆和郭为是被摔打、折腾的典型代表。据说，他们是一年一个新岗位，摔打了十几年，不知换了多少次岗位，才成了“全才”。

杨元庆 30 岁时已经是联想微机事业部的总经理。他在联想最困难的时候临危受命，从整个联想挑选了 18 名业务骨干，组成销

“折腾”的好处

喜欢“折腾”人是许多成功企业家的共性。那么，企业家为什么喜欢“折腾”呢？

售队伍，以“低成本战略”使联想电脑跻身中国市场三强，实现了连续数年的100%增长。

但与此同时，眼里揉不得沙子的杨元庆在天大的压力下也不肯妥协，让联想的老一代创业者不太舒服。他被一心提拔他的老板柳传志当着大家的面狠狠地骂了一顿。柳传志在骂哭杨元庆后的第二天给了他一封信：只有把自己锻炼成火鸡那么大，小鸡才肯承认你比它大。当你真像鸵鸟那么大时，小鸡才会心服。

在成长的过程中，让员工经历一些折腾，经历一些挫折和失败，对员工的强大未必不是一件好事。因为一个人唯有在屡受挫折的情况下仍能坚持成长，那他的韧性和能力才会在才来得到更大程度的迸发。

当员工在逆境中不能自拔时，不妨给他们讲讲“咖啡豆”是如何改变沸水的。让自己的员工能成为有韧性的“咖啡豆”，如果他们做到了，他们就会迎来辉煌的事业新高峰。

百炼才能成钢

我们都熟悉苏联作家尼古拉·奥斯特洛夫斯基所著的一部长篇小说《钢铁是怎样炼成的》。人的成才和成功，就如同炼钢。“钢”是结果，“炼”是过程。没有炼的过程，就不会有“钢”的结果。

一个人成长的过程中，不可能只有成功，他很可能经历过很多的失败或挫折，才建立起成功的基础。史玉柱说，在巨人倒下时他看的全都是失败的书，看别人是怎么失败的，然后又是怎样在失败中一步步爬起来的。印度诗人泰戈尔说过：“如果你因为失去了太阳而流泪，那么你也将失去群星。”失败并不可怕，关键是要从失败中总结，及时汲取经验。

优秀的人才需要摔打，才能真正成为人才。人只有向失败交过学费，才能更好地答好人生成长这份答卷。

李慧毕业于北京的一所重点大学，当同学们为找工作四处奔波时，她几乎没有费什么力气就被一家规模不大的体育产业公司录用，职位是总经理助理。

工作后的李慧只是按部就班地完成一些总经理交代的工作，每天打打字，收发文件，开会做记录，月底制作工资表，从来没有想过对工作进行改进和完善。

两个月之后接到公司通知：李慧的职务改为行政部人员，协助一位刚刚招聘的行政主管做事，但薪资不变。因为职务的变动李慧的自信心被动摇，总觉得在同事面前抬不起头来。更糟糕的是，新来的行政主管为人苛刻，对同事都不友好，李慧作为他的手下首当其冲，每天挨骂无数，自信心备受打击，李慧决定辞职。

辞职后的李慧很快被一家外企录用。职位是行政助理，协助一个工程部门经理做事。李慧决定不能再像在上一家公司那样被动地工作，而是积极地为公司创造价值。

在这家公司，李慧出色的文字驾驭能力得到充分的展现。由于公司总部在台湾，分公司在上海，李慧所在的派出部门平时只能通过电子邮件和电话与之联系，邮件是最多的。刚开始李慧只是把经理口授或手写的信函一字不差地用电子邮件发走。后来渐渐地对工程了解之后，她开始对内容做修改，尝试着把经理口语化的信函书面化，并且根据不同的对象、情节，稍微加一两句客气、肯定、谦虚的话。李慧的这一举动得到了经理的表扬。后来，她开始在稿子的结构、叙述的内容上做改动，并对经理提出纲领性的意见，比如某件事情如何处理不容易引起误会，某份函件中的一些内容去掉会更好，等等。渐渐地，她处理文字函件已经轻车熟路，往往能把经理的想法表达得准确而得体。

随着工程不断进展，部门要用的款项越来越多，李慧开始兼当财务人员。部门所有的款项都由她来处理，小到部门平时的开销、员工的报销，大到工程预付款、进度款的支付。虽然增加了工作量，但也让她学到了更多的东西。

作为工程部门，平时要接触很多工程方面的信息。适逢2008年奥运会，北京开始大规模地兴建大大小小的工程，了解这些工程对部门的工作不无裨益。于是李慧主动利用周末休息的时间考察北京新建、在建的工程，并且对得到的信息加工整理后发给工程部总监，这项工作持续有半年之久，其间曾有相当一部分内容成为总监制订计划的参考资料。

如今，工作不到两年的李慧已经任职公司的行政总监。

谈起自己的经历，李慧无不感慨地说，能力不会自然而然地得来，而是要靠自己实实在在的奋斗得来。

有人渴望赢得成功、获得荣誉，但又不愿意付出辛苦的努力，他们希望工作轻轻松松、一帆风顺，可是天下哪有那么便宜的事？对于同样的公司、同样的工作内容的员工来说，为什么有人一路擢升、扶摇直上，有人却每况愈下、生活越发窘迫呢？虽然每个人成功的因素各不相同，但大多数成功人士都有一个共同的特点：就是面对工作，他们总是抱着不怕苦、不怕累的态度，用工作中的苦难磨炼自己的意志，增长自己的才能。

工作中多点折腾精神，就要把工作当作练就自我的过程，就一定能收获成长。

第七章

来点儿实惠的，让员工摘到『金苹果』

高薪激励对多数人有效

在马斯诺的需要层次理论中，人首先要满足低层次的物质需要，然后才是高层次的精神需要。而高薪作为物质需要的最主要体现形式，高薪激励对于绝大多数人来说，都具有相当大的激励作用。

《史记·货殖列传》说：“天下熙熙，皆为利来；天下攘攘，皆为利往。”说的就是人们忙忙碌碌所追求的就是为一个“利”字。

有这样一个寓言故事：

有个齐国人很想得到黄金，他听到有人家藏万两黄金，便非常羡慕，因为自己家连一两黄金也没有。有一天早上，他到市场上去看能不能捡到黄金。突然，他看到前面有一家金店，在柜台上摆着大块小块的黄金，还有各式各样的金器、金饰，闪闪发光。他抓起一把黄金，拔腿就跑。很快，他被官吏抓住，官吏审问他：“这么多人都在这里，你竟然敢抢走别人的黄金，这是为什么？”他回答说：“我抓黄金的时候，没有看见人，只看到了黄金。”

这则寓言故事用夸张的手法描绘出“齐人”财迷心窍的生动形象，但是不可否认，高薪对绝大多数人具有非常明显的激励作用。在团队的激励手段中，高薪激励仍是提升工作动力的重要源泉。

人要生存、要发展，精神是支撑，物质是保障，所以薪酬相对于员工极为重要。它不仅是员工的一种谋生手段，还能满足员工的价值感。事实证明，当一个员工处于一个较低的岗位时，他会表现积极，工作努力，一方面想提高自己的岗位绩效，另一方面想争取更高的岗位级别。在这个过程中，他会体会到由晋升和加薪带来的价值和被尊重的喜悦，从而更加努力工作。

在对员工进行行为激励的过程中，团队要充分认识到团队员工对高收入以及优厚报酬的追求是永恒的，团队只有在充分认识到员工的物质需求后才能进行有效的激励。而团队人力资源管理应遵循的一个基本原则就是不断满足员工日益增长的物质需求。

在经营管理史上，首先用高薪的是福特汽车公司的奠基人亨利·福特，而他也用高薪赢得了高效。在引进流水线来生产汽车后，福特进行了一项创新：每天支付给员工 5 美元的工资。当时美国人的平均日工资大约是 2 美元，听到这个消息很多人嘲笑他：“福特疯了，如此高工资水平将使他破产的！”但是，福特工厂外面的求职者却因为 5 美元的日工资而排起了长队。

其实，这 5 美元含金量是不言而喻的，尽管工资大大提高，福特公司的生产成本竟然还减少了。正如福特所说：“这是我们所做出的最成功降低成本的方法之一。”福特高工资的决策与采用流水线生产方式是密不可分的。因为用流水线组织起来的工人是高度依赖的，假如一个工人旷工或工作缓慢，其他工人就无法完成他们的任务。所以说，这种生产方式需要高素质的工人，而且要求员工保证出勤率。为了达到以上几点要求，最好的手段莫过于给员工支付高薪。实践证明，福特公司工人的流动率下降了，缺勤率下降了，生产率也大大提高了。

员工最根本的需求之一就是薪资，无论对谁，更高的收入总是很有诱惑力的。不管管理者用多么好听的言辞表示感谢，他们最终期望的还是得到自己应得的那部分，让自己的价值得到体现。

让利益与效益挂钩

一家公司老总在团队管理中碰到一个头痛的问题：公司配备给员工的装修工具总是不够，不仅丢失率高，而且工具损坏率也高，既影响工作的开展，同时公司也为此支付了高昂的费用。

为此公司想了很多办法来解决问题，包括工具借用登记，检查和维修，公司想通过严格的监督程序来规范工人的工作态度，可惜每次都不了了之，浪费了公司大量人力和物力，但是问题从未被解决过。

最后公司采用一套新的工具管理制度，即工程队和员工可以自己购买电动工具，所有权归购买人，费用由公司和个人各出一半！员工反应积极，经过半年的试运营，实施效果良好，工具丢失和损坏的情况有了很大改善，工具使用效率也得到相当程度的提高！

经过半年的试验，有近一半的员工都购买了自己的工具。公司在此基础上，进一步作出决定：电动工具由工人自己购买，然后公司每日补贴 1 元，所有权仍归个人所有，从此以后，公司电动工具的使用情况出乎意料地好。

人们只对自己有利的东西负责任，一旦把公司利益与个人利益联系起来，公司利益就不会得到保证。这是一条重要的管理经验。

员工利益应与团队经营状况挂钩。两者的关系应该成正比，即经营状况不好，不能多发；经营状况好，则不应少发。给员工提供相应的奖励计划，将会给员工们添加活力，并且使团队的凝聚力增加，竞争力提高；反之，如果没有相关的奖励计划，则会损耗团队的竞争力。

让员工感觉到个人利益和团队利益是一致的，必须和团队同甘苦、共命运。只有通过大家努力，团队效益上去了，个人才会得益。

有一家外资团队，经营状况相当好，年度创利大增，而且还有不少新的拓展计划，但是在年终发红包时，总额比上年减少一半。据说是年终银根紧，方方面面都要结账，新的拓展计划又占用了不少资金，所以要求大家咬牙关。当“红包”发下去以后，员工们反应很强烈，他们直观地认为“经营越好，奖金越少”“团队越发展，员工越倒霉”。这一减少，离散了员工和团队的关系，大家马上产生一系列想法：还要不要努力工作？是不是该跳槽了？结果，该团队春节后不少员工在外面找工作，仅一个月内销售部就有四名员工辞职。

奖金数额要有一个合理标准。公平，并不意味着不分职位都一样。在团队中职位有高有低，这是团队赖以正常运作的组织结构所定。职位的高低，取决于个人能力及对团队的作用大小，由此在团队中权力和所负的责任也不一样。团队视职位高低给以不同的报酬，这是公平的，也是大家所认同的。“搞导弹的不如卖茶叶蛋”的错误，再也不能重复了。这也是团队的价值观之一。

有一个团队的老总，让财务总监作一个“红包”发放方案，结果搞出一个不分职位的平均奖。并且公平到以出勤天数计算，让所有员工出乎意料地和主管、经理们平等了一次，这在员工中自然是一片叫好之声。但是主管、经理们都目瞪口呆，搞不清是

怎么回事，团队的价值观由此被毁。后来团队遭遇危机，中层干部有的推卸责任，有的隔岸观火，只剩下老总带着两三个亲信东奔西走，到处救火，叫苦不迭。

无疑，让下级充满干劲，一定要采用利益与效益挂钩的方式。“世界第一 CEO” 杰克 · 韦奇说：“我的经营理论是要让每个人都能感觉到自己的贡献，这种贡献看得见、摸得着，还能数得清。”

著名的思科公司非常重视用奖励机制来留下人才。在设置薪酬时，思科会进行全面的市场调查，确定员工的底薪不是业界最高的，这样，既不会造成团队运营成本过高，也不会因低于行业标准而影响员工的积极性。

调动员工更高积极性的是思科丰富多样的奖金，思科希望员工的收入能够与其业绩更多地挂钩，于是他们以奖金来激励员工。思科的薪酬设置大约分为三部分：销售奖金（销售人员）、公司整体业绩奖金（非销售人员）、期权（全体员工）。

思科还设有名为“CAP”的现金奖励，金额从 250～1000 美元不等。一个具有杰出贡献的思科员工，可以由提名来争取奖励。一旦确认，这名员工就可以及时拿到这笔现金奖励。另外，每季度的部门最佳员工都会有国内旅游的机会。

当员工完成了某项工作时，最需要得到的是相应的肯定。所以，作为领导，不要吝啬，让员工的利益与效益挂钩，就能激励员工随时处于亢奋状态，做起事来事半功倍。

以股份激励人才

晋商主要经营盐业、票号等商业，是我国历史上最著名的商帮之一。

晋商中有一个人叫雷履泰，他创办的票号“日升昌”以“汇通天下”而著称于世。“日升昌”年汇兑白银 100 万两至 3800 万两，历经 100 余年，累计创收白银 1500 万两。清朝道光年间，晋商以票号业开始迈向事业的顶峰。从 1823 年“日升昌”诞生到辛亥革命后票号衰落的近百年期间，票号经手汇兑的银两达十几亿两，其间没有发生过内部人卷款逃跑、贪污等事件。

这种奇迹的发生得益于晋商票号的分享制，晋商票号中员工的待遇相当好。一是实行供给制，所有员工吃住都在票号内，本地员工节假日可回家，驻外员工也有不同的假期。在票号内的吃住以及回家旅费都由票号承担。此外，每个员工的收入包括两方面：一是每年养家用的工资，出徒之后就可享有，一般为 70 两左右；二是分工，这就是票号中独具特色的身股制。

票号实行股份制，东家所出的资本称为“银股”。拥有银股者是票号的所有者，他们决定大掌柜的任用，并承担经营的全部风险。经营者拥有的是“身股”，这种股不用出钱，当员工工作一定时间后，就可以开始享有身股。

按身股制，票号的员工可以分到多少钱？据资料记载，在每个账期（4 年）内，高者可达到 1700 两银子，低者也有 200 ~ 300 两银子。如大掌柜有 10 厘身股，每 4 年可以分到 10000 两银子左右。

身股制可以说是创造票号辉煌的动力所在。身股是分红的标准，这种激励机制针对所有员工，其作用是把所有员工的个人利益与团队的整体利益联系在一起，让员工树立一种“团队兴、员工富”的观念，从而为团队的整体兴旺而奋斗。这种分享制不同于平均主义的大锅饭，每个人分红的多少取决于对团队的贡献。职务不同，承担的工作不同，责任不同，贡献也不同，体现了按业绩分配的激励原则。

其实，员工持股又称为员工配股计划，是一种常见的激励方式。其目的就是让员工在观念上改变身份，并通过股份分红或股票增值来分享团队成长所带来的好处。当员工持有股份时，他们的身份就变了。团队的兴衰不仅决定他们的收入，还决定他们手中股票的价值。对于员工来讲，他们仅仅是作为雇员为团队工作，领取工资，不满意或另有高就可以随时离开，员工对团队的关心度就不言而语了。当员工成为股东以后，团队就是他们的事业。因此，对员工而言，持股是一种有效的激励。

身股制是分享制的一种形式。分享制就是全员参与分红，身股是分红的标准。这种激励机制针对的是所有员工。“二战”后，日本团队普遍采用了这种分享制。这是日本团队成为世界上效率最高的团队的重要原因之一，也对日本经济振兴做出了贡献。

这种管理模式有很多优点，员工积极性高，责任心强。如果增加了用工成本，影响了工作效率，都会影响收入分配。传统的员工分享制度是年终团队给雇员分红，现代分享制度除了分红，还包括雇员有权购买团队的股票，拥有团队股权，甚至还有的雇主向雇员提供虚拟的股份，被称之为“幻影股份计划”，其目的是为了激励雇员创造最佳工作业绩。

当然，以股份激励人才，其成功与否还取决于环境，管理者应该从团队的实际出发。

灵活发放奖金

奖金对于员工的激励作用无须赘述，但是奖金的发放如果能灵活把握，就能增加激励的效果了。

让我们来看一个关于奖金发放的故事。

日本桑得利公司董事长信志郎是一个善于激励员工的人，他的一些出人意料的激励方式常常让员工们感到十分愉快。

他把员工一个个叫到董事长办公室发奖金，常常在员工答礼完毕，正要退出的时候，他叫道：

“请稍等一下，这是给你母亲的礼物。”

说着，他就给员工一个红包。

待员工表示感谢，又准备退出去的时候，他又叫道：

“这是给你太太的礼物。”

连拿两份礼物，或者说拿到了两个意料之外的红包，员工心里肯定是很高兴的，鞠躬致谢，最后准备退出办公室的时候，接着又听到董事长大喊：

“我忘了，还有一份是给你孩子的礼物。”

第三个意料之外的红包又递了过来。

真不嫌麻烦，四个红包合成一个不就得了吗？

可是，合在一起，员工会有意外之喜吗？

信志郎真是太厉害了，他并没有多花一分钱，就赢得了员工的心。

在团队管理中，采用必然与偶然两种技巧相结合的方式，更能体现激励的艺术。优秀的管理者懂得利用意外之喜激励员工，激发员工的工作积极性。

事先约定的丰厚奖励，员工当然会全力争取，但在目标日益临近的时候，可能会让员工失去激情，因为他已经视奖励为应得的。期待意外奖励的心情和得到意外收获的感受都会让员工铭刻在心。

任何人做事之前都对事情的结果有自己的期待，比如员工在辛苦了一年之后，临近年终时就会估算自己能拿多少年终奖。如果预期自己能拿 1 万元，但结果自己拿到了 2 万元，这种意外之喜无疑会激励自己来年更加努力。如果预期自己能拿 1 万元，但

灵活发放年终奖

现实中，很多持续经营的企业，由于年终奖的发放成为定制而使员工产生了“饱厌”现象，从而使年终奖的激励功能大打折扣。这就提醒管理者在年终奖的设计上要来些创新：

自己只拿到了5千元，肯定对团队有诸多怨言。

曾经蒸蒸日上的“塑料大王”梅布尔经营的一家塑料生产公司在1998年业绩大幅滑落。由于员工们意识到经济不景气，这一年干得比以前更卖力。马上到年底了，按往年惯例，年终奖金最少加发两个月，多的时候，甚至再加倍。然而今年惨了，财务算来算去，顶多够发一个月的奖金。总经理李特隆看到这种情况后焦急万分，他知道员工今年的工作激情比任何一年都要高。如果按以前的标准发放年终奖的话，势必会给团队留下重大的创伤；如果不那样做的话，又怕使员工的士气大败，这样给团队造成的损失将更大。怎么办？如何给员工一份满意的薪酬？

李特隆请远在马来西亚的董事长梅布尔一起商讨如何解决这个问题。董事长梅布尔听完总经理的介绍后，形象地说道：“每年的发红包就好像给孩子糖吃，每次都抓一大把，现在突然改成两颗，小孩一定会吵。”聪明的总经理突然灵机一动，想起小时候到店里买糖，他总喜欢找同一个店员，因为别的店员都先抓一大把拿去称，再一颗一颗往回扣。那个店员则每次都抓不足重量，然后一颗一颗往上加，这样使得李特隆很满意。于是，董事长和总经理为设计出员工满意的薪酬策略，达成了共识。

几天后，公司下达了一个决策：由于营业不佳，年底要裁员。顿时公司内人心惶惶，每个人都在猜会不会是自己。最基层的员工想：“一定由下面杀起。”高层主管则想：“我的薪水最高，只怕从我开刀！”但是，没过几天，总经理就宣布：“公司虽然艰苦，但我们不能没有你们，无论有多少困难，公司都愿意和你们一起渡过难关，只是年终奖金就不可能发了。”听说不裁员，人人都放下心头的一块大石头，早压过了没有年终奖金的失落。

除夕将至，员工看着别的公司的员工纷纷拿到了年终奖金，多少有点遗憾。突然，董事长召集高层领导开紧急会议。看领导们匆匆开会的样子，员工们面面相觑，心里都有点儿七上八下：难道又要裁员了吗？

没过几分钟，各级领导们纷纷冲进自己的单位，兴奋地高喊着：“有了！有了！还是有年终奖金，整整一个月，马上发下来，让大家过个好年！”整个公司沸腾了，员工为了满意的年终奖而高呼，很多员工都主动要求过节期间加班。一次“满意”的薪酬激励，终于换来了第二年的发展。

可见，用奖励的方法激励下级办事是非常有用的。当然，这种策略最好是用在公司运营不佳的时候，否则，公司赚得盆满钵满，再用这种方法来激励下级，就只能适得其反。

对管理者而言，宁愿在承诺的时候将“支票”开低一点，等最终兑现的时候，会让员工有意外之喜。最忌讳在承诺时乱开支票，等到兑现时却让员工失望，最终打击员工的积极性。

设法让员工心甘情愿

很久以前有一个富翁要去世了，临死之前他准备分财产，看着两个儿子，富翁出了一道题，并且说：“你们俩谁答对了，财产就归谁。”两个儿子听后摩拳擦掌，迫不及待地等着父亲的题目。见儿子注意力很集中，富翁说道：“我的题目是，怎样让狗爱吃辣椒。”

大儿子听完，马上不假思索地说：“这还不简单？抓住狗，把它的嘴掰开，塞进辣椒就可以了！”富翁听完摇了摇头说：“不能这样做啊，绝不能使用暴力，要知道‘暴力越重反抗越深’，你就不怕狗反过来咬你一口吗？”

二儿子想了想说：“我把辣椒弄碎，包在肉里面，狗喜欢吃肉，这样就吃辣椒了。”富翁听了脸上有了笑意，说道：“你说的方法不错，但是，狗只会上当受骗一次，还会受骗第二次吗？况且用欺骗的手段，也不是长久之计啊！”这样说完，两个儿子都急切地问：“那父亲大人有什么更好的方法呢？”

富翁最后说出了自己的答案：“可以把辣椒擦在狗的屁股上，当它感到火辣辣疼时候，它就会自己去舔掉辣椒，并为能这样做而感到很高兴。”

富翁的大儿子和二儿子的方法无形之中是让狗嘴里的辣味增加，而且是越吃越痛苦。其实这个故事也会给管理者们提供很大的启示，依照大儿子的方法，就是用最简单、最直接、最有效的方法，用大棒政策强制员工干活，但是这样做无疑就是进行身体攻击，而导致的结果就是——员工可能会反过来反抗你！现在许多领导思想还很陈旧，认为让员工做员工就得做：“别啰唆，哪来那么多想法！我出工资你干活，再不好好干活，就炒你鱿鱼！”

二儿子的方法是讲究利益驱动，在让员工干活前对他说：“你认真给我做事，我就给你报酬、职位、更高的奖金。”这样做的效果肯定不错，但有些领导因团队制度改革，所以最后不会太信守承诺，于是员工被骗过一次两次之后，这种“空手套白狼”的方法也就无效了。

现代社会，员工越来越懂得维护自己的利益，团队也在努力找激励秘方，怎么样让员工爱上自己的工作，并全身心地投入工作中，让自己的员工爱上吃辣椒，这可能是管理者们要思考的。

管理者在制定和实施激励时，应该注意以下的原则，才能提

精神激励法
在运用"精神激励法"时应注意以下几点:
小王啊，最近是不是有什么心事啊？有什么事可以跟我说说，我们一起面对……
1. 情感不滥施，追求高格调。
李总，我觉得以我的学历这个职位对我来说太低了。
我理解你觉得大材小用的心情，但是，刚入职员工要熟悉基层工作，这是规定。
2. 理解不迁就，有疏又有导。
说的再好有什么用，只说不做！
3. 激励不空喊，诚心办实事。
以你的才华，难道不能去争取最高工资吗？
我一定努力！
4. 信任不怀疑，激发进取心。

高激励的效果。

（1）肯定员工及其工作的价值。管理者首先应肯定员工及其工作的价值。重视员工，发现员工的能力，使员工得以充分发挥才能，对员工来说本身就是一种有效的激励。

（2）激励要因人而异。由于不同员工的需求不同，相同的激励措施起到的激励效果也不尽相同。即便是同一位员工，在不同的时间或环境下，也会有不同的需求。在制定和实施激励措施时，管理者要调查清楚每个员工真正需要什么，然后利用自己手中的权力制订相应的激励措施。

为了激励员工更好地完成工作目标，某团队发布了一项奖励措施：年终工作业绩靠前的200位同事，将奖励一次到黄山旅游的机会。这项措施对参加旅游的A、B、C三人身上产生了不同的反映。

A从来没有去过黄山，并且一直很想去黄山旅游，听到这项措施后非常高兴。公司的奖励措施令他大为振奋，并下定决心要在今后的工作中加倍努力。

B虽然以前去过黄山，不过已经是很多年前了。此次听到自己可以去黄山旅游时，心情还是非常高兴。在工作上，他表现得比以前更尽心尽力一些了。

C是一个年轻的员工，去年刚结婚，并且选择度蜜月的地点就是安徽的“两山一湖”。听到今年再去黄山旅游时，他并不兴奋。当然，在工作上，他还是和以往一样按部就班。

（3）信赖员工。通常被信赖的员工都会心甘情愿地为信任他们的上司赴汤蹈火。作为管理者，要在行动、言辞上处处表现出自己信赖员工的诚意。

第八章

你体恤下级，下级才会拥戴你

领导和员工不是对立，而是合作

对于员工的误解，管理者要给予一定的理解，必须设法让员工明白自己并不是站在员工的对立面，而是站在同一条船上。

领导和员工同在一条船上，有着共同的目标，也有着共同的利益，这条大船如果翻了，对谁都不利。在大船的行驶过程中会遇到狂风、暴雨，甚至触礁的危险，这就要求领导和员工团结一致，同生死共命运，为团队能战胜困难，渡过难关献出自己全身心的力量。

究其根本，领导和员工只不过是两种不同的角色，只是分工不同而已，这两种角色实际上是一种互惠共生的关系。

自然界中有许多互惠共生的现象。比如非洲热带雨林中的大象、犀牛等，它们身体表面往往会有一些寄生虫，一些鸟类等小动物也栖息在它们身上，以这些小寄生虫为食，同时，大象、犀牛也避免了寄生虫对它们的侵害，可谓是互惠互利。这种现象在自然界中不胜枚举，在生物学中统称为共生现象。

对于领导而言，组织的生存和发展需要员工的敬业和服从；对于员工来说，他们需要的是丰厚的物质报酬和精神上的成就感。从互惠共生的角度来看，两者是和谐统一的——组织需要忠诚和有能力的员工，业务才能进行，员工必须依赖业务平台才能发挥自己的聪明才智。

要设法让员工明白，每个人与公司的利益是一致的，唯有全力以赴地去工作，为团队做出贡献，团队才不会亏待每个作出努力的人。

有时候，为了团队的利益，管理者会对一部分员工给予一定的惩处或奖励。而这种因个人效率产生的分配不均自然会引起部分员工的心理不平衡，或者由于沟通不畅引起部分员工的不理解，员工的这些情绪都是可以被理解的，但作为管理者，必须做好充分的沟通工作，站在员工的角度，设法化解他们的对立情绪。

当然，身为管理者，尤其是一线管理者，如果整天只是坐在办公室里，打打电话，喝喝茶水，哪怕做了再多的工作也不会为员工所了解。与员工的隔膜，使得员工无意中让自己的立场与管理者对立起来，使管理者和员工之间原本和谐共赢的关系变得紧张起来。

当员工产生对立情绪之后，就会产生斤斤计较的心理。斤斤计较一开始只是为了争取个人的小利益，但久而久之，当它变成一种习惯时，为利益而利益，为计较而计较，就会使整个团队的氛围变得狭隘，人人自私自利。它不仅对员工和管理者个人造成损失，也会扼杀团队的创造力和责任心。

管理者并不像员工想象的那么轻松潇洒，作为团队的管理者，他们承担着巨大的压力和风险，他们只要清醒着，头脑中就会思考组织的行动方向，一天十几个小时的工作时间并不少见。而这些必须让下级员工所了解。

今天种下的种子，总有一天会结出甜美的果实。每个人都知道，只有上下齐心协力，才能使团队在激烈的竞争中立于不败之地。在团队获得良好发展的同时，员工的利益才能得到持久的保障。

领导与员工“将心比心”

在繁华的大街上，几个人把一位瓜农的西瓜砸了个稀巴烂，卖瓜的女主人在大街上抱着烂瓜痛哭。这几个人一定是没种过瓜，如果他们与瓜农换一下位置，让他们到田间地头感受、体会一下，想一想农民从育苗到瓜成熟这几个月中的艰辛，也许就不忍心这么做了，一定会对瓜农体贴许多。

换位思考，就是我们所说的将心比心。所谓换位思考，就是要把自己设想成别人，站在别人的角度考虑问题。很多时候甚至需要暂时抛开自己的切身利益，去满足别人的利益。其实，利益在很多时候是互相关联的，你能考虑别人的利益，别人也会考虑你的利益。在管理实践中，我们要学会将心比心。

人们最常听到的是管理者与员工相互间的抱怨，即使偶尔彼此关心一下，也让人觉得有点假惺惺的。管理者和被管理者固然是一种上下级关系，但同时也是一种合作的关系。

我们常常看到这样的现象，一个员工可以为一个陌生人的帮助而心存感激，却无视朝夕相处的上司、同事的种种恩惠、帮助和支持，将一切视为理所当然，视为纯粹的商业交换关系。为什么会出现这样的情形呢？每个管理者都应该为此深思。

管理者要经常引导员工学会将心比心，站在管理者的角度思考，员工一定会收获很多。而管理者自己也要学会将心比心，想一想员工的辛劳。这样一来，就能促进团队氛围的改善和团队业绩的提升。

在松下公司创办初期，松下公司的产品并没有在市场上打开销路，松下幸之助不得不亲自带着产品四处奔波推销。每次松下总要费尽唇舌，跟对方讨价还价，直到对方让步为止。

买主对松下幸之助的还价劲头钦佩不已，就向他讨教原因。松下幸之助的原因很简单：如果不能在激烈的市场竞争中为自己赢得一席之地，不能为公司创造业绩，那么自己的团队就会濒临崩溃，自己的员工就会面临下岗。

正是在这样的情境假设下，松下公司的每个员工都把团队当作是自己的家，为公司的发展全力以赴，从而在激烈的市场竞争中取得了突破性的发展，最终成长为令人瞩目的电子帝国。

作为团队的领导者，也有自己的不容易，却不足为外人道。作为员工，从进入公司的那一天起，就要对组织的规章制度、产品特征、市场实力以及团队文化不断地融入，进而还要了解上司的脾气秉性、工作作风、性格特征。这样，更有利于员工站在领导的角度考虑问题，进而理解领导的工作方法。

领导与员工进行换位思考，双方都要试着体谅各自的苦衷，只有这样，才能真正从对方的角度考虑问题。

员工和领导实际上是共同创造价值，共同分享经营成果的互惠共生关系。在现今的商业环境中，领导和员工之间需要建立一种互信的关系。

“将心比心”是一种有效的管理体验。换位思考后，员工不会与领导对抗，会自觉调整自己与领导的对立情绪，同情和支持自己的领导，时刻与领导站在同一条战线上。

不要忽略员工的情绪

一些管理者，因所处的身份和地位关系，往往会觉得自己要比普通员工强，甚至有意无意间流露出瞧不起员工的神态。这样的后果往往会造成管理者与下级员工的关系越来越疏远，让管理者站在了员工的对立面，陷入事业发展的困境中。

管理者不失时机地付出感情，对于赢得下级的心往往能收到异乎寻常的效果。

吴起是战国时期著名的军事家，他在担任魏军统帅时，与士卒同甘共苦，深受下层士兵的拥戴。当然，吴起这样做的目的是要让士兵在战场上为他卖命，多打胜仗。他的战功大了，爵禄自然也就高了。

有一次，一个士兵身上长了个脓疮，作为一军统帅的吴起，竟然亲自用嘴为士兵吸吮脓血，全军上下无不感动，而这个士兵的母亲得知这个消息时却哭了。有人奇怪地问道："你的儿子不过是小小的兵卒，将军亲自为他吸脓疮，你为什么哭呢？你儿子能得到将军的厚爱，这是你家的福分哪！"这位母亲哭诉道："这哪里是在爱我的儿子呀，分明是让我儿子为他卖命。想当初，吴将军也曾为孩子的父亲吸脓血，结果打仗时，他父亲格外卖力，冲锋在前，结果战死沙场；现在他又这样对待我的儿子，不知道他要死在什么地方呢！"

吴起带兵的秘诀之一就是十分体恤下级，不费一金一银，却是最让下级感动，也是最有力量的激励之法。唐玄宗李隆基也是一个深谙此中道理的聪明人。

公元 742 年，唐玄宗连下三道诏书，征召大名鼎鼎的诗人李白入京。李白这一年 43 岁，他毕生都向往着建功立业，以为这一回总可以大展鸿图了，于是意气风发地来到长安。唐玄宗在大明宫召见了他。

封建时代，皇帝召见大臣，气派是十分威严的，端坐御座之上，居高临下，而臣下则要一路小跑至他的膝下，行三跪九叩大礼，俯首称臣。而唐玄宗召见李白，这一切森严的礼仪全都免除，他亲自坐着步辇（一种由人抬的代步工具）前来迎接。当李白到来时，他从步辇上下来，大步迎了上去；迎入大殿之后，又以镶嵌着各种名贵宝石的食案盛了各种珍馐佳肴来招待李白。大约是怕所上的一道汤太热，会烫着李白，唐玄宗竟然亲自以汤匙调羹，赐给李白，并对他说："卿是一个普通读书人，可你的大名居然传到我的耳中，若不是你有着超凡的诗才，怎么能做到这一点？"接着又赐他一匹天马驹，宫中的宴会、鸾驾的巡游，都让李白陪侍左右。

一个普通的诗人，无官无职，能够得到皇帝的召见、赐宴，已是非常的礼遇了，而降辇步迎、御手调羹，更是旷古未闻的隆恩。虽然李白这一次来长安，在仕途上并没有多大发展，最后还被客客气气赶出了长安，但唐玄宗的这一次接见，却在李白心中留下了永不磨灭的印象，使他终身引以自豪，至死都念念不忘。

"生当陨首，死当结草""女为悦己者容，士为知己者死"，无一不是"感情培养"的结果。唐玄宗的屈尊降贵，使得李白至死难忘。

在团队管理的过程中，领导也试着用感情培养，赢得下级的心。这里的"感情投资"，当然不是上面吴起的苦肉计，也不应是唐玄宗的屈尊降贵，更多的应该是一种从心底体现出的对下级的关怀与体贴。

日本著名的团队家松下幸之助曾说过：“最失败的领导，就是那种员工一看见你，就像鱼一样没命地逃开的领导。”他每次看见辛勤工作的员工，都要亲自上前为其沏上一杯茶，并充满感激地说：“太感谢了，你辛苦了，请喝杯茶吧！”领导当如松下幸之助，无论大小事情，都不忘记表达出对下级的爱和关怀，这样才能获得下级的爱戴。

与员工建立深情厚意

谁都知道，有了“情意”好办事。但“情意”都是有限的，就像银行存款一样，你存进去的多，能取出来的就多；存得少，能取出来的就少。你若和别人只是泛泛之交，你困难时别人帮你的可能就很小，因为人家没有义务帮你。如果你平时多储蓄“情意”，甚至不惜血本的投资，急用时就不至于犯难。

常言道，“士为知己者死，女为悦己者容”。能为知己者死的，必是具有深厚感情。

公元前 239 年，燕国太子丹在秦国当人质，秦国对他很不友好，太子丹对此怀恨在心，偷偷逃回燕国，于是秦国派大军向燕国兴师问罪。太子丹势单力薄，难以与秦兵对阵，为报国仇私恨，他广招天下勇士，去刺杀秦王。

荆轲是当时有名的勇士，太子丹把他请到家里，像招待贵客一样，对荆轲照顾得无微不至，终于，打动了荆轲。后来，又对逃到燕国来的秦国叛将樊於期以礼相待，奉为上宾。二人对太子丹感激涕零，发誓要为太子丹报仇雪恨。

荆轲虽力敌万钧，勇猛异常，但秦廷戒备森严，五步一岗，十步一哨，且有精兵护卫，接近秦王难于上青天。于是，荆轲对樊於期说：“论我的力气和武功；刺杀秦王不难，难在无法接近秦王。听说秦王对你逃到燕国恼羞成怒，现正以千金悬赏你的脑袋，如果我能拿到你的头，冒充杀了你的勇士，找秦王领赏，就能取得秦王的信任，并可乘机杀掉他。”樊於期听罢毫不犹豫，拔剑自刎。

荆轲带着樊於期的人头和督亢地方的地图，去见秦王，这两件东西都是秦王想要得到的东西。但他未能杀掉秦王，反被秦王擒杀，只为后人留下了“风萧萧兮易水寒，壮士一去兮不复返”的悲壮诗句和“图穷匕见”的故事。

樊於期之所以能“献头”，荆轲之所以能舍命刺杀秦王，都完全是为了回报太子丹的礼遇之恩。“投桃报李”“滴水之恩，涌泉相报”，足以说明“恩惠”对人心感化的巨大作用。

其实，有时管理者给下级以关心只是举手之劳，并不费多少力气，可是对下级来说都是一种莫大的安慰，必要时他会舍命来报答你。

李强与王刚在一起工作了多年。李强在工作中表现平平，虽然工作了七八个年头，但仍是一个小职员；而王刚则能力很强，成绩突出，如今已是销售部经理。由于两个人在工作中没有什么来往，私底下也仅是点头之交。

有一次，王刚因为涉及一个重大变故，而受到董事长的冷落，被从销售经理的位置上降了下来。祸不单行，王刚的母亲又因心脏病突发而去世了。双重打击使王刚感到格外悲凉。这时候，李强很同情王刚的境遇。在他母亲下葬的那一天，李强主动去帮忙，担任受礼的工作。当时正是寒冬腊月，北风大作，其他同事都躲进了屋里，只有李强一直在外面帮助处理各种事情。

这让王刚很意外，也很感动。他发现真是患难见真情，觉得李强这时候的形象突然高大起来。从此，李强与王刚过从甚密，王刚一改以往的态度，也常主动帮助李强。

一年以后，王刚在公司东山再起，因为做了突出的贡献，他重新当上了销售经理，不久又迅速升任总经理。他忘不了李强在他患难时的帮助，再加上他十分清楚李强的个人能力，李强被提拔为销售经理。

人非草木，孰能无情。无论一个人外表多么强硬，在内心深处都一定有情感的需要，就是希望从别人那里得到关怀、体贴和重视。物质满足替代不了人的情感需要，甚至有时候，情感需要比物质需要更重。

努力记住员工的小事

讲究情义是人性的一大特点，中国人尤其如此。优秀的管理者大都深知其中的奥妙，不失时机地付出感情投资，对于征服下级往往能收到异乎寻常的效果。

富有人情味的管理者必能获得下级的衷心拥戴。有人说：“世界上没有无缘无故的爱。”管理者对下级的一切感情培养，都应作如是观。

对下级体贴入微的态度，能给下级最大的满足，甚至会使他们产生受宠若惊的感觉，因而感恩戴德，更加忠心耿耿地为其效劳。

比如，现代人都习惯祝贺生日，生日这一天，一般都是家人或知心朋友在一起庆祝，聪明的上司则会“见缝插针”，使自己成为庆祝的一员。有些上司惯用此招，每次都能给下级留下难忘的印象。或许下级当时体味不出来，而一旦换了上司有了差异，他自然而然地会想到你。

给下级庆祝生日，可以发点奖金，买个蛋糕，请顿饭甚至送一束花，效果都很好，乘机献上几句赞扬和助兴的话，更能起到锦上添花的效果。

如果一位普普通通的下级生病住院了，上司亲自去探望时，说出了心里话：“平时你在的时候感觉不出来你做了多少贡献，现在没有你在岗上，就感觉工作没了头绪、慌了手脚。安心把病养好！”

有的上司就不重视探望下级，其实下级此时虽然住在医院里，却惦记着上司是否会来看看自己。如果上司不来，对他来讲，简直是不亚于一次打击。

在与人交往的过程中，努力记住对方的小事，并且在适当的时候让对方记住了关于他的事情，这能够帮助你赢得对方的好感。

佩恩莱享钢铁公司的创建人查尔斯·什瓦普，也认为对他人怀有浓厚的兴趣是获得良好人际关系的一个窍门。

第一次世界大战期间，查尔斯·什瓦普被紧急任命为装备军舰公司的领导。为了提高军舰的制造数量，他记住了当时火克岛造船所所长的海军司令喜欢泽西牛的癖好，然后他对这位海军司令说：“如果你能把军舰的制造数量从 30 艘提高到 50 艘，你将得到一头‘全美最棒的泽西牛’。”海军司令听后，视查尔斯为知己，表示愿意尽自己所能为查尔斯效力。

由此可见，努力记住有关对方的事情，然后让对方知道，能够让对方获得一种被人重视、被人关注的心理满足感，进而对你产生好感。并且，你所记住的事情越是微小、不起眼，当对方得知你记住了它们时，对方获得的心理满足感就越大，对你产生的好感也就越大。

通过记住有关对方的小事来获得对方的好感，是一个非常有效的管理心理策略，即使对方是个普通员工，这个方法都同样有效。

以访问大人物而闻名的新闻记者马可森说：“当你将大人物们

曾经说过的话复述出来的时候，他们的心情就会显得格外的好，对你也会表现得格外友善。”

那些善于管理的人都十分明白这种策略所带来的好处，他们

总会在适当的时刻顺便问一两句员工的个人事情，以表示他们将对方正在做的事、对方的喜好记挂在心上，让对方感觉这些小事他们早该忘记但是却没想到他们还挂在心上，从而让对方的心理产生非常愉悦的感受，进而对他们产生好感。

这个方法实施起来很容易，然而或许正是因为它的容易，人们才常常忽略它，总是记得与自己有关的事，而忘记他人的事。因此，从现在开始，努力记住那些和员工有关的事情吧，一旦那些在对方看来微不足道的小事从你口中说出时，你在无形之中已经靠近了员工。

第九章

提供晋升的梯子，员工会自发往上爬

建立良好的晋升机制

百度公司董事长李彦宏说：“为员工提供晋升机会，可以促进员工提升个人素质和能力，充分调动全体员工的主动性和积极性，并在公司内部营造公平、公正、公开的竞争机制，但在提供晋升机会的同时，要注意规范公司员工的晋升、晋级工作流程。”

晋升机制是对团队管理者和员工的一种良好激励，实施得好，能形成良好激励氛围，提升个人和团队的业绩，留住团队的优秀员工。

将团队内部业绩突出和能力较高的员工加以晋升是一种十分常见的激励方式。这种方式提供的激励包括工资和地位的上升、待遇的改善、名誉的提高以及进一步晋升或外部选择机会的增加。晋升提供的激励是长期的，这样可以鼓励团队员工长期为团队效力。

人都有交往和受到尊重的需要，头衔往往有利于满足这种需要。因此，晋升体系要充分地应用这一事项。

某公司是一家生产电信产品的公司。在创业初期，依靠一批志同道合的朋友，大家不怕苦不怕累，从早到晚拼命干。公司发展迅速，几年之后，员工由原来的十几人发展到几百人，业务收入由原来的每月十来万发展到每月上千万。团队大了，人也多了，但公司领导明显感觉到，大家的工作积极性越来越低，也越来越计较。

他想，公司发展了，应该考虑提高员工的待遇，一方面是对老员工为公司辛勤工作的回报，另一方面是吸引高素质人才加盟公司的需要。为此，这家公司重新制定了报酬制度，大幅度提高了员工的工资，并且对办公环境进行了重新装修。

高薪的效果立竿见影，这家公司很快就聚集了一大批有才华、有能力的人。所有的员工都很满意，大家的热情高，工作十分卖力，公司的精神面貌也焕然一新。但这种好势头不到两个月，大家又慢慢回复到懒洋洋、慢吞吞的工作状态。

这家公司的高工资没有换来员工工作的高效率，公司领导陷入两难的困惑境地，既苦恼，又彷徨，不知所措。

很多团队把薪资作为唯一的激励手段，在一些老板的意识里，花高价钱就能打动人心。实际上，我们也要注重人才的精神需求。当物质充足了，人才要求被尊重、独立决策的精神需求就增强了。头衔的改变就是最直接的精神奖励。

现代团队都很重视对员工的晋升，但实施得不好就会破坏团队气氛，影响员工工作情绪，并有可能产生破坏性工作。比如：人才职位晋升后，却无法胜任新岗位的工作，工作绩效下降了；或者人才职位晋升后，发现没有合适的人来顶替原来的岗位工作。这就说明了团队对人才晋升的机制没有做好，那么，团队应如何设定有效的人才晋升机制呢？看看松下公司给我们的启示。

松下总裁松下幸之助有句名言说，松下首先是制造人才的团队，然后才是制造电器。松下完备的晋升制度里尤其注重四点：

（1）资质审查。晋升者资质审查和接替岗培养资质审查。确保晋升者有能力完成更高的岗位工作，同时也保障后来者有能力顶替上来。

（2）晋升培训。员工或管理者要想晋升，必须接受系统化的培训，只有通过培训考核合格才能上岗。

（3）晋升周期。除特殊情况外，一般管理者晋升都必须岗位工作满一年后，才可以晋升，同时晋升后考察期必须在1~3个月。

（4）责、权、利的统一。晋升到新岗位后，岗位职责不一样、权限不一样，报酬不一样，充分考虑对晋升者的激励。另外，职位的晋升也同薪酬做了有效的匹配，确保激励有效。

松下完整的人才晋升链条确保了人才晋升前后工作绩效的提升，让人才发挥最大潜能。

现代团队应建立晋升机制，引入适度竞争。如果团队工作效率低，可在短期提拔几位精英人才，让员工感觉到差距的存在，同时让他们产生危机感，如果落后就有可能失去工作。以此消除员工的惰性，激发团队内部活力。

值得注意的是，管理者在制定晋升规则时还要注意以下四点：

（1）“阶梯晋升”和“破格提拔”相结合。“阶梯晋升”是对大多数员工而言。这种晋升的方法可避免盲目性，准确度高，便于激励多数员工。但对非常之才、特殊之才则应破格提拔，使稀有的杰出人才不致流失。

（2）机会均等。人力资源经理要使员工都有晋升之路，即对管理人员要实行公开招聘，公平竞争，唯才是举，不唯学历，不唯资历，只有这样才能真正激发员工的上进心。

（3）德才兼备，德和才二者不可偏废。团队不能打着“用能人”的旗号，重用和晋升一些才高德寡的员工，这样做势必会在员工中造成不良影响，从而打击员工的积极性。因此，团队经营者对第一点提到的“破格提拔”要特别小心，破格提拔的一定是具有特殊才能的公司不可或缺的人才，他的德才要能服众。避免其他员工对晋升产生“暗箱操作”或者遭遇“潜规则”的误会。

（4）建立人才储备库。团队人力资源部门应定期统计分析公司各单位的人员结构，为团队建立人才储备库。依据员工绩效考核结果和日常考察情况，筛选出各层级的核心、优秀、后备人才，对各专业、各层次的人才做到有计划开发，适当储备，合理流动，量才使用，并以此指导公司的培训、引才、留才的工作。

用晋升转化为持久的吸引力

在一个团队内部，晋升的岗位是有限的，在公平竞争的氛围下，每个人都有晋升的希望，这样晋升就转化为持久的吸引力，而这种诱惑无疑具有相当的激励作用。

有些管理者发现，优秀的员工也有可能会原地踏步，这是因为当员工看不到自己工作上的成就感和自己的发展空间时，可能就陷入了长期空转的境地。

制定有效的晋升制度，让出色的员工适时得到提拔，可以满足员工的心理需要，并且让他感觉到上司对他的信任，从而忠心于所在团队，死心塌地地为所在公司贡献力量。

日本团队界权威富山芳雄曾经亲身经历过这样一件事：

日本某设备工业团队材料部有位名叫P君的优秀股长，因为精明强干，上司交给他很多工作。P君工作积极，人品好，深受周围同事的好评，富山芳雄也认为他是很有前途的。

让员工看到晋升的希望
为了当上经理，我一定要好好工作。
公司准备提拔个销售经理，到年底，谁业绩最好，就提升谁！
提拔晋升优秀人才，不仅可以激励员工的士气，也是留住员工的一种有效方式。因此，要让员工看到晋升的可能，这样才能有奋斗的动力。
谢谢领导的信任，我一定会带领生产部更上一个台阶的。
公司决定晋升你为生产部总监。
对于员工来说，晋升不仅仅意味着薪金的提升，更主要的在于责任的承担，意味着他们的理想和抱负更容易施展，能在更大的平台上奋斗，也更能获得自我实现的满足感。
营运董事
管理华南区的所有店铺
地区营运总监
管理300间店铺以上
营运经理
管理100间店铺，内部晋升达100%
区域经理
管理10间店铺，内部晋升达95%
店铺经理
管理1间店铺
店铺副经理
店务组长
资深店务员
管理培训生
店务员/实习生
建立了晋升的阶梯，就为员工的职业生涯打通了道路。这样，员工就可以目标明确地通过努力不断地得到晋升。

但是，十年之后，当富山芳雄再次到这家团队时，竟发现P君判若两人。原以为P君跟十年前相比一定有很大变化。谁知，他还是个员工，并且留给人的是一副厌世者的形象。

对这一情况，富山芳雄感到很惊异，他经过调查了解才明白事情的真相。原来十年中，他的上司换了三任，最初的上司因为P君精明强干，且是个靠得住的人物，丝毫没有让他调动的想法。第二任上司在走马上任时，人事部门曾经提出调动提升P君的建议，然而，新任上司不同意马上调走他，经过三个月的考虑，他答复人事部门，P君是工作主力，如果把他调走，势必要给自己的工作带来很大的困难。就这样，哪任上司都不肯放他走，P君只好长期被迫做同样的工作，提升之事只能不了了之，他最初似乎没有什么想不通的，干得也不错。

然而，随着时间的推移，他逐渐变得主观、傲慢、固执，根本听不进他人的意见和见解，加之他对工作了如指掌，于是对其他人的意见也不肯听。结果他的同事谁也不愿意在他身边长久干下去，纷纷要求调走。而上司却认为，他虽然工作内行，堪称专家，却不适合担任更高一级的职务。

就这样，P君最终被调离了第一线的指挥系统。

怎样才能让员工保持对工作的兴趣呢?晋升肯定是最有效的方式之一。如果不给员工任何晋升的机会，员工的感觉可能是你不信任他，不放心他，怀疑他的能力，他肯定是不会尽心竭力去工作的。

让出色的员工适时地得到提拔，这是对员工能力的肯定和赞许，相信这也会给员工以更大的发展空间。晋升满足了员工的心理需要，并且让他感觉到上级对他的信任，从而忠心于所在团队。

要让员工相信，通过自己的努力能不断晋升，让他看到晋升的希望。一般来说，资历和能力是团队管理者做出晋升决策的基本依据。但是晋升不能只考虑资历，这样就将晋升的不确定性转化为确定性，并且对努力的员工来说也有失公平。可以从技能、知识、态度、行为、绩效表现、产出、才干等方面进行衡量，遇到合适的岗位遵循一定的晋升机制来执行，这样就能将晋升转化为一种持久的诱惑，有效激发员工的积极性。

员工总是希望被晋升，但现实情况不可能满足每个人的晋升愿望，所以最为关键的是建立公平合理的晋升机制，让每个人都有晋升的可能性。不公正、不公平的晋升可能会引起员工的猜疑和抵触，使得团队的正常运作被打断，让团队的效率低下。公平合理的晋升体制能有效激励员工，而员工晋升后也会以自己的努力回报单位。

保证优秀员工能顺利“晋级”

经常用升迁的办法来奖励员工，并不是容易做到的事。相对于升迁的职位，永远只可能“僧多粥少”，那么晋升谁才能起到最大的激励效果，这是管理者需要考虑的问题。

管理者如果碰到这样的问题应该如何回答呢？你准备提一个部门经理，有两个人可以选择，一个是公司的资深老员工，来公司的时间最长、资历最老，但工作能力一般，一个是公司的新人，来公司的时间只有三年，但工作能力出众，你究竟会选择谁呢？也许碰到这样的问题，没有统一的答案，在他们看来，都有坚持自己选择的理由。

不过，管理者必须要明确，唯有大胆地使用能力突出的员工，让他们顺利“晋级”，才能激励优秀的员工。

麦当劳作为世界上最大的快餐品牌之一，它的内部的晋升体制是公平合理的，每个人都能获得持续晋升的可能。每个进入麦当劳的年轻人，不论他有什么学历，都要从最基本的琐碎工作开始做起。

43岁当上全球快餐巨头麦当劳CEO的查理·贝尔，是第一位非美国籍的麦当劳公司掌门人，也是麦当劳最年轻的首席执行官，谁也没想到的是，拥有如此显赫头衔的他，最初却只是澳大利亚一家麦当劳打扫厕所的临时工。

查理·贝尔的职业生涯始于15岁。1976年，年仅15岁的贝尔于无奈之中走进了一家麦当劳店，他想打工赚点零用钱，也没有想到以后在这里会有什么前途。他被录用了，工作是打扫厕所。虽然扫厕所的活儿又脏又累，但贝尔却对这份工作十分负责，做得十分认真。

他是个勤劳的孩子，常常是扫完厕所，就擦地板；擦完地板，又去帮着翻正在烘烤的汉堡包。不管什么事他都认真负责地去做，他的表现令麦当劳打入澳大利亚餐饮市场的奠基人彼得·里奇心中暗暗喜欢。没多久，里奇说服贝尔签了员工培训协议，把贝尔引向正规职业培训。培训结束后，里奇又把贝尔放在店内各个岗位上。虽然只是做钟点工，但悟性出众的贝尔不负里奇的一片苦心，经过几年锻炼，全面掌握了麦当劳的生产、服务、管理等一系列工作。

19岁那年，贝尔被提升为澳大利亚最年轻的麦当劳店面经理。

为优秀的人才提供成长的机会，提供持续晋升的机会是优秀团队的成功之道。有一位管理者这样说："无论管理人员多么有才华、工作多么出色，如果他没有预先培养年轻有为的员工，没有培养自己的接棒者，那么他的管理就是不成功的。"

一个优秀的下级是否得到提升，关键看他是否适合将要从事的新职务。如果他在现有职务上已经做得非常好，工作能做到游刃有余，这样的人才有可能得到提升。

拿破仑在任用将领时，坚持的原则是"勇气过人""机智天才""年轻有为"，我们从拿破仑年轻而威武的将领正营中就可以看出：

拿破仑手下的名将马尔蒙，26 岁出任意大利法军炮兵司令，27 岁任军长和炮兵总监，32 岁任达尔马齐亚总督；达乌，28 岁，远征埃及的骑兵指挥官；苏尔特，25 岁任准将，30 岁晋升少将……

对于有较高才能的下级，要保证他能顺利"晋级"，设法提拔到更加重要的岗位，让他们在发挥才干的过程中激发自己的创造性。有了优秀人才而迟迟不重用，不仅对团队的发展无益，也可能最终失去这些优秀的人才。

不可否认的一个现实是，当一个团队发展到一定的规模后，老员工都会有一种惰性，在某种程度上制约并影响了团队的发展。优秀的管理者，必须站在团队发展的高度，优先晋升那些真正优秀的员工而不是资历老的员工。

扩大下级的责任范围

晋升下级并不是简单地给对方一个头衔就够了，而是一个交付工作、承担责任的过程。比如，某公司一位优秀的中层经理，老板在增加他工作量的同时把他提拔到副总经理的位置，随之而来的问题就是这位新任的副总经理是否胜任他的新工作。伴随着晋升而来的，是与之相伴的责任范围。但是，这也有点本末倒置，不少管理者的做法是，先扩大下级的责任范围，等到证明了他的工作实力之后再授予头衔。

对于相当一部分优秀的人才而言，给他“压压担子”，扩大他的责任范围，对他而言，无疑是一种激励。

林波大学毕业后，进了一家机械厂工作，跟他一同分配来的还有四五个大学生。他们几乎都没经过什么技术培训，就被分到各个部门，担任基层管理人员。

由于他们不懂生产，不熟悉工艺流程，所学专业与实际操作又相差太远，在管理上明显感到力不从心。加之有些工人也欺负他们是外行，工作中总是偷奸耍滑、偷工减料，这让他们感到非常头疼。为此，领导向他们提出建议：下车间当个三班倒的工人。林波当即同意了。这个消息一传出，全厂哗然，大家都说他是个怪人，连那几个大学生对此都表示不能理解。

林波对各种议论根本就不加以理会，到了制造车间安安心心做了一名工人。他全身心地投入工作中，努力钻研各项技术，熟悉每个工种。由于他勤学好问，那些生产能手们都爱教他，把自己多年的经验毫无保留地传授给他，很快他就全面掌握了生产工艺，生产中遇到的问题没有他解决不了的。两年后，他升任车间主任。面对成功，他并不骄傲自满，始终严把产品质量关，所以，他所在车间的产品质量一直是最好的。

几年后，厂里决定试行承包制。林波承包了一个车间，由于他技术过硬，又勤奋好学，工人们也都乐意跟他干。这时，他又拿出钻研业务的劲头投入到营销中去，成立了一支精干的销售队伍。由于产品质量过硬，营销自然得力，很快就打开了市场销路，在全行业中成为赫赫有名的人物。到了年底，其他车间都出现了不同程度的亏损，唯有林波承包的车间赢得了巨额利润。因此，厂里决定把所有车间都承包给他。在厂部对科室人员进行精简时，当年和他一同进厂的大学生因为技术不过关，有的甚至下岗了。

薪水并不能保证一个人尽职尽责地工作。只有让员工把自己的职位视为一个实现自我价值、追求卓越体验、造福社会的平台时，才能充分激发出内心的热情和责任感。

在一个职责划分明确的组织里，扩大下级的责任范围，给予他特别的任务或挑战，可谓晋升最可靠的方法。

责任是使人进步的“牵引器”，给优秀的员工“压担子”，能促使员工更大限度地完成自己的工作。任何一个优秀的员工都是一个负责的员工，因为他们都明白，责任是他们进步的不竭动力。

于强在一家电器公司担任市场总监，他原本是公司的生产工人。那时，公司的规模不大，只有三十多人，有许多市场等待开发，而公司又没有足够的财力和人力，每个市场只能派去一个人，于强被派往西部。发展好了，前程不可限量。前途虽然光明，但是道路注定是曲折的。

于强在那个城市里举目无亲，吃住都成问题，但他相信开发市场是自己的责任。没有钱坐车，他就步行去拜访客户，向客户介绍公司的电器产品。为了等待约好见面的客户，他常常顾不上吃饭。他租了一间破旧的地下室居住，晚上只要电灯一关，屋子里就有老鼠们在那里载歌载舞。

多给员工“压压担子”方能“百炼成钢”

“路不险，则无以知马之良；任不重，则无以知人之才。”员工不经历一番锤打，不经受一番风雨，就难以成长成才。

那个城市的气候不好，春天沙尘暴频繁，夏天时常暴雨，冬天天气寒冷，对于一名物资匮乏的推销员来说，这简直就是一个巨大的考验。公司提供的条件太差，远不如于强想象的那样。有一段时间，公司连产品宣传资料都供应不上，好在于强写得一手好字，自己花钱买来复印纸，用手写宣传资料。

在这样艰苦的条件下，内心不动摇几乎是不可能的，但每次动摇时，于强都会对自己说："这是我自己的责任，为了自己和家人也要坚持下去。"一年后，派往各地的营销人员都回到公司，其中有很多人早已不堪忍受工作的艰辛而离职了，在剩下的这些营销人员中，于强的业绩是最好的。

后来，于强凭着自己过硬的业绩当上了公司的市场总监。

可以说，对自身责任的坚持，正是于强进步的阶梯。管理者给予员工一定的权限，他会尽自己的最大努力去争取进步。

记住，你是在培养一个人，而不仅是在提拔一个人。给自己看准的员工"压担子"，鼓励他做出实际的工作成绩时，就能提升他。如果你一再地给优秀员工特殊的责任，或者让他参与挑战性的工作，实际上你已经告诉所有人，你对他非常器重，其他的员工必然也会注意到这种情况，他们也必然会奋起直追。

管理者在通过晋升方式激励员工的过程中，不妨先尝试扩大下级的责任范围。

让晋升满足"欲望"

很多企业都容易面临这样的问题：优秀员工的积极性不高，充分的潜能没有发挥出来，团队的预期目标很难达到。这时候，便需要管理者通过因势利导，提高优秀员工的积极性，晋升就是重要的激励手段。

人活着就有欲望。马斯诺认为，人的欲望都分为五个层次，即生理需要、安全需要、社交需要、尊重需要与自我实现需要。人的欲望是无止境的，人的需要也是从低到高依次实现。

理解了这一点，我们就可以好好反省至今为止的一些管理方法和管理手段，就可以发现晋升是以后非常有效的手段。

作为管理者，你要充分挖掘优秀员工的潜质，发挥他们的聪明才智、创造力，激发他们的好奇心。事实将证明你的付出是值得的，这些发掘出的潜质将在未来很长一段时间不断得以发展、巩固，并激励员工不断向前。

激发员工的动力，本质上就是激发员工的“欲望”。通过晋升员工，可以充分满足员工的以下欲望：

第一，占有欲。一个人拥有多少东西，已经成为其个人价值的首要尺度。占有不只限于物质的拥有，心理占有可能比物质占有更重要。员工希望“占有”他们的工作，他们希望有这样的感觉：自己对这份工作或者某个大项目负有责任。为此他们愿意工作很长时间或者接受较低的工资待遇。但是在工作场所，我们很少尝试去满足员工的这些潜在占有欲。

第二，权力欲。权力欲在人性之中也是根深蒂固的，人们希望自己选择，渴望掌控自己的命运。公司通过向员工“授权”，就可以释放出员工巨大的工作动力。

第三，社交欲。每个人都有与别人互动和交往的欲望。工作占据了一个人人生中最重要的阶段和大部分时间，工作场所是员工社会交往的主要场所。因此，在组织中构建和谐的团队，形成人和人之间相互支持和帮助的关系，增强员工对自身社会身份的认同感和归属感，是激励员工的重要途径。

第四，能力欲。人一出生就有能力欲，它是最基本的人类欲望，人类的生存依赖于能力，能力处于自尊的核心，人生中没有哪种感觉比获得能力更好了。拥有能力是一种深刻而持久的欲望。

所有员工都希望在工作中获得更多能力，企业要为员工创造这样一种能够不断学习和成长的环境。

第五，成就欲。成就欲处于工作中的核心地位。从成就获得的最终满足是骄傲，或者是完成工作之后的充实感。如果员工在工作中能够获得成就感，那么任何外部的奖励都是没有必要的。甚至有时外部的奖励还会减少成就感所带来的快乐。

第六，被认可欲。每个人都希望被别人赞赏和理解，希望因为他们的优点和贡献而受到认可。得不到足够认可的员工，会变得郁闷和消极。获得职务上的晋升，无疑是最有效的被认可方式。

让每个人都看到晋升的希望

什么是晋升激励？晋升激励就是企业管理者将员工从低一级的职位提升到新的更高的职务，同时赋予与新职务一致的责、权、利的过程。晋升是企业一种重要的激励措施。企业职务晋升制度有两大功能，一是选拔优秀人才，二是激励现有员工的工作积极性。

提拔优秀人才，不仅可以激励员工的士气，也是留住员工的一种有效方式。在一个单位内部，必然存在管理的层级，每个层级的职位不是固定不变的，要让员工看到晋升的可能，这样才能有奋斗的动力。

对于员工来说，晋升不仅仅意味着薪金的提升，更主要的在于责任的承担，意味着他们的理想和抱负更容易施展，能在更大的平台上奋斗，也更能获得自我实现的满足感。当然，提供晋升的机会是少的，必须通过努力才能实现晋升，而这种晋升的希望就能激励员工努力工作，朝着晋升的方向努力。

建立了晋升的阶梯，就为员工的职业生涯打通了道路。这样，员工就可以目标明确地通过努力不断地得到晋升。就像一滩水一样，水还是这么多水，如果你让它不断地在旋转、在流动，哪怕在内部流动，这个水就是活水。同样，通过绩效考核、能力考核和不断的晋升，员工就可以被激活，他们就能够不断地提高自己的业绩，提升自己的能力，企业也因此而得到持续的发展的机会。

因此，给员工提供晋升的机会，是激励员工上进的重要策略。

微软在发展初期就十分重视员工的晋升渠道问题。如何让技术人员持续发光发热，比尔·盖茨提升技术过硬的员工担任经理职务。这一政策的结果也使微软获得了比其他众多软件公司别具一格的优越性。

微软的管理者既是本行业技术的佼佼者，时刻把握本产业技术脉搏，同时又能把技术和如何用技术为公司获取最大利润相结合，形成了一个既懂技术又善经营的管理阶层。

实践证明，晋升对于大多数人来说是极具诱惑力的。晋升之后在地位、身份、收入、能力上带来的种种变化都是激发员工努力工作的基本动力，可以说，晋升是比其他激励方式更为有效的激励方式。

通常大家都把名和利认为是最有效的员工激励手段，而权力正好介于两者之间，有了权力也就意味着会得到名利。在员工职业晋升体系中，员工晋升到更高一级职位，就表明其权力范围更大一些，所以很多员工都愿意为了权力而奋斗、努力。

一般情况下，人们对工作成果中凝结的个人贡献体验越强烈，成就感就越强烈，成就需要的满足程度也就越大。因此，员工职业晋升体系可以让员工在持续的职位晋升中极大地激发员工的成就动机，从而满足员工的成就需要。

当然，要提拔有能力的员工，最大限度地发挥员工的能力，为每一个员工都提供晋升的机会，不断地挖掘每个员工的潜能，重视员工的晋升，会有利于员工激励工作。

第十章

胡萝卜加大棒，奖励与惩罚并举

“只奖不惩”或“只惩不奖”都有失偏颇

自古以来，管理国家、军队、团队都有一条有效铁律，那就是“赏罚分明”“奖勤罚懒”。

纵观历史，但凡有名的军事家，在治军上都是法纪严明的，诸葛亮更是如此。作为三国时期最为著名的管理者之一，诸葛亮管理所有军政事务，假如没有一些手段，他是办不成事的，而诸葛亮的手段之一就是赏罚分明。对有功者，他施以恩惠，不断激励；对犯错误者他严肃法令，秉公执法。有两件事可以反映诸葛亮的赏罚分明：

第一件事：诸葛亮首次北伐时，马谡大意失街亭，致使诸葛亮北伐之旅遭到彻底失败。诸葛亮退军后，挥泪斩了马谡。同时，诸葛亮对在街亭之战立有战功的大将王平予以表彰，擢升了他的官职。

第二件事：作为托孤重臣的李严，一直为诸葛亮所器重。但在北伐时，李严并没有按时将粮草提供给前线，反而为了逃避责任在诸葛亮和刘禅之间两头撒谎，诸葛亮不明就里，只得退军。后来诸葛亮了解到了真相，将李严革职查办。

街亭一战，可以说是诸葛亮平生最为狼狈的一次。街亭战后，诸葛亮对马稷的罚以及对王平的赏，都充分体现了诸葛亮恩威并施的不凡智慧，通过他的举措，军纪得到了整肃，士兵的士气也被鼓舞了。在现代团队管理中，管理者也应该像诸葛亮一样，有奖有罚、恩威并施，这也是对员工很重要的一个激励手段。

赏罚分明，这是最高明的管理手法。即使当一个团队欣欣向荣时，也要对不合时宜的错误行为实施惩罚；而当团队发展遭遇困境时，也要对促进团队发展的人或事给予相应的奖励。唯有树立正确的奖惩导向，才会坚定员工的信心。

奖励和惩罚不能恣意而为

很多管理者都抱怨说："现在的员工真难管，违章、违纪的太多了，批评教育根本就没有用，但有一种方法挺好的，那就是惩罚！"我们不可否认惩罚的有效性，不少发展较为顺畅的公司，其惩罚制度相当完善。

但也有不少管理者认为，奖励是一把刷子，能够刷掉员工身上的缺点、不足和劣习，能够指引员工走上最正确的道路，并鼓励他尽可能重复正确的行为。惩罚则是一把刀子，总是在冰冷的寒气中砍掉员工的热情、激情和上进心。

他们认为，惩罚员工可以在短期内起到立竿见影的效果。但是仔细想想，就不难判断出，仅靠惩罚为主要手段的管理办法是最低等、最愚蠢的，它是管理者在无能、无奈、无助时想出的权宜之计，惩罚只会使员工更加懈怠。

团队以奖励为主还是以惩罚为主，需要依各团队的具体情况而定。

曾经有这么一家生产炸薯条的团队：在某一年有50名员工因违纪而遭解雇，被解雇员工人数占到总人数的20%。解雇事件时常发生，在团队内造成的直接影响是，恶劣情绪弥漫。尽管团队管理者三令五申地重申制度，提出书面警告，采取无薪停职等措施，员工的违规行径却毫无收敛。可以说，这家团队的老板在管理员工方面用尽了所有的惩罚措施。员工对这些惩罚措施深感气愤和憎恶，随时寻机报复。普通员工和团队管理者的敌对态势十分明显。

这一天，一个叫张立的工人因为上班期间多去了几趟厕所而受到领导的训斥，他对此很不满，一心想着找个机会报复。第二天，他带了支粗头笔来上班，偷偷地将炸薯条从生产和包装区运转的传送带上拿下，在薯条盒子上写下极具侮辱的话，再神不知鬼不觉地放回到传送带上。这些薯条被销售到顾客手中，顾客看到这些脏话后，纷纷投诉这家团队。

这种“独特的、很具有想象力的”报复手段很快被其他员工学会，他们纷纷效仿。团队管理者向他们发泄情绪，他们就向薯条发泄情绪；管理者惩罚他们，他们就惩罚薯条。顾客投诉增多，纷纷表达不满。然而，团队领导者对这种事情又毫无办法。最终，消费者不堪薯片盒子上的辱骂，再也不买这家团队生产的产品。这家团队最终宣布倒闭。

在不少行业如高科技行业，更偏重于奖励的方式激励员工，也有不少行业如劳动密集型行业，更偏重于惩罚的方式负激励员工。管理是一门科学，绝不是单靠一个“罚”字就能解决所有问题。

不可否认，管理应该是严格的，但严格的管理并不等同于严厉的处罚。没有人喜欢在一个处罚严厉的环境中工作，而员工能力的发挥和潜力的挖掘需要一个公开、公平、公正的工作环境。

有一家制鞋团队，因为某种原因，生产出来的 4 万双鞋由于质量不过关而被退了回来。团队老总非常生气，于是要求被退回的次品鞋由员工按责任轻重负责埋单，这引起了公司内部员工强烈的不满。他们纷纷抱怨说:“生产出来的质量合格的鞋子所赚来的钱，是否也是按责任轻重如数给我们发工资呢？”在这种负面情绪的影响下，员工整体工作热情被削弱，团队效率大打折扣不说，生产效率依旧上不去。

为什么会出现这样的情况呢？其实就是团队老总的处罚方法有问题。老百姓常开玩笑说:“人长得难看，岂能怪照相机。”同样，次品鞋子被退回，若真是要处罚，那么首先该罚的是团队老总自己。如果自己都不敢带头承担责任，那么即便是让员工为次品鞋子受罚而埋单了，又能如何呢？团队就算通过惩罚追回了损失，但是却损害了团队的长远发展，岂不是得不偿失？

在员工出问题的时候，管理者应该扪心自问:“我是不是没有选好人、用好人、培训好人呢？”虽然我们还不能完全回避用处罚的办法处理问题，但是惩罚还是要谨慎使用，多使用奖励的方法。即使在万般无奈的情况下偶然运用惩罚，也应首先要做到公平合理。

多运用正激励，少运用负激励

为了使员工能遵从自己的预期，激励的方法必不可少。奖励作为正激励的主要表现手段，惩罚作为负激励的主要表现形式，它们被广泛应用。

当然，可以强硬地命令下级去做，或以解雇、惩罚的威胁使部下与自己合作，但请不要忘记，这一切只能收表面之效，而背后必大打折扣，因为这些方法具有明显的令人不愉快的反作用。

每一个老板都希望员工尽全力做好工作，然而要想使某人去做好某事，只有一个方法，这就是使他愿意这样做。综合运用“胡萝卜”+“大棒”的管理策略，让正激励与负激励结合起来，才能实施最有效的管理。

联邦快递有一项重要管理原则：激励胜于惩罚。公司经常让员工和客户对工作作评估，以便恰当表彰员工的卓越业绩。联邦快递的经理会领导员工按工作要求作出适当的个人调整，帮助员工创造一流业绩。公司设计了考核程序和培训计划，以确保经理知道如何做出正确的榜样。公司的高级经理就是下级经理的榜样。他们注重加强地面运作。让每个员工专注于单一目标，这样就能整体达到一定水平。它使联邦快递能把 50000 名员工专注于提高生产效率和服务客户。所以他们达到了以前从没想过能实现的另一个高峰，工作绩效接近 100%，而成本却降到最低水平。

联邦快递还使用员工子女的名字来给新买的飞机命名。公司通过抽签的方式来挑选幸运者，选中幸运儿之后，不但把他孩子的名字漆在飞机的鼻尖上，而且会把孩子和他的家人送到飞机工厂参加命名仪式。

这一系列的激励方法使得联邦快递公司员工每天都充满激情地工作，更使得联邦快递成为全球最具规模和知名度的公司。

在对员工进行激励制度时应该注意多奖少罚，这样才能调动员工积极性，促进员工进步。“大棒”运用多了，只会打击员工的积极性。

顾客老孙是位 50 多岁的老年顾客，一天，他在百货大楼买了一个茶杯，觉得不太满意，第二天一大早就来要求退货，营业员小赵接待了他。小赵看了看茶杯说：“没什么问题呀，为什么要退呢？”老孙沉着脸回答：“是没什么问题，我就是想退。”小赵略微犹豫了一下，说：“好吧，把您的发票给我看看。”老孙说：“发票弄丢了！”小赵说：“按照商场规定，退货必须要有发票。”听了这话老孙很不高兴，大声说：“没有发票，你退不退？”这个时候，有很多人都把目光集中到了小赵身上。怕影响不好，小赵只好解

释道：“我不是那个意思。按照规定没有发票不能退货，所以我不能给您退。”老孙蛮不讲理，声音更大地说：“不给退不行。”很多人围过来观看，小赵考虑到事情越吵越大，影响公司的声誉，于是同意退货。老孙这才离去。

事后，商店领导经过研究，认为小赵没有按照“顾客只有凭借发票才能退货”这条规定办事，本着严格要求的原则，给予小赵通报批评的处分，并处以相应的罚款。小赵觉得很受委屈。这个处罚在员工之中产生很大震动：在以后的工作中他们严格按规定办事，不管顾客的意见有多大，不管顾客对团队有多么不好的评价。

公司对员工的处罚并不全面，应该是有罚有奖，毕竟员工的出发点是好的。商场管理者在处理这件事上并不完美，管理者完全可以在处罚之外对小赵及时平息顾客的怒火给予一定的奖励。这样既可以保证对公司规章制度的维护，也保全了员工的工作积极性。

多运用正激励，不但能有效地激发出员工的自信心和工作热情，还能融洽上下级关系，使工作变得优质、高效。

激励胜于惩罚，赞赏胜于批评。管理者应该把正激励纳入到日常管理当中，制订出专门的制度来，当员工取得成绩和进步时给予他们实事求是、恰如其分的正激励。

建立惩恶扬善的奖惩机制

奖赏和惩罚是管理者手中的一把双刃剑。作为管理者，必须掌握好奖惩的方式与分寸，进而激励下级为实现组织目标而努力奋斗。

1. 有效奖励

一个公司在其内部坚持合理冲突的情况下，首先奖励的应是协调一致、有团队精神和全力工作的员工。团队工作中每一个人的工作都是模糊的，只有当所有的人都致力的工作成功地完成后，才能看清自己的成绩。然后，再根据人们或组织对全局做出的贡献给予奖励。只有这样，才能建立和创造一个良好的合作气氛，使团队具有更为坚强的战斗力。

应确立这样的观念，奖励的运用必须彻底解决问题，而不是不顾长远利益的临时应付。你应在较长的时间内评价人，对表现一贯良好的人给予重奖；确定对组织成功至关重要的、战略性的一两个因素，并奖励为这一两个因素做出贡献的人；另外，要奖励着眼于长远发展并为之做出贡献的人。

风险永远伴随成功。优秀的团队总是鼓励人们冒险并允许人们犯错误。但要奖励机智的冒险，切不可去嘉奖那些愚蠢的行为。要及时鼓励失误者，告诉他们，当一个项目失败时，只不过是推迟了庆祝成功的时间。

在一个团队中，你总能找出以下几种类型的人：希望别人干活的人；说得很多干得很少的人；对别人所做的事评论没完的人；默默奉献的人。我们都希望拥有最后一种人，少有或没有其他类型的人。但是，默默奉献的无名英雄的功绩有时会被喋喋不休、怨天尤人、哗众取宠的人所掩盖。不注重奖励默默奉献的无名英雄，而是用大量时间去安抚唧唧喳喳者的管理者，会很快看到很多人都在唧唧喳喳而不再认真工作。我们应有意识地发现下级好的行为，并鼓励他们做得更好；平时要提防投机者，决不纵容他们；要善于找出手下的无名英雄，及时奖励他们，不要让老实人吃亏。在工作中越有压力越能做好，能一直高质量地完成工作，愿意为集体而牺牲个人利益，在组织最需要的时刻出现的人，就是无名英雄，如不奖励他们，实在难以服众。

此外，最恰当的奖励是奖励创新。对于你来说，最重要的资本不是金钱，也不是厂房、设备，而是主意。奖励实用性创造，就先要创设一个有利于创造的工作环境，让每个人都确定一项创新目标。在工作中鼓励竞争，以竞争促新。当然，别忘记了，对成功的创新要支付一定的费用。

2. 慎重处罚

惩罚一般分为批评、处分、处罚和法律制裁等种类。和奖励一样，也是激励的一种方法，其目的是为了限制、制止或纠正某些不正确的行为。奖功必须罚过，奖勤必须罚懒，奖能必须罚庸。只奖不罚，就不能激浊扬清、儆恶扬善，也就不能达到是非分明。与奖励相比，惩罚是一种更难运用的管理艺术，掌握得好，会起到与表扬同等，甚至更大的作用；掌握得不好，也可能会伤害人的感情，影响群众或下级的积极性。

惩罚的目的是为了教育人、帮助人，因此，一定要从关心爱护的愿望出发，开诚心，布公道。坚持“惩前毖后，治病救人”的方针，达到既弄清思想又团结下级的目的。

惩罚要及时准确，公正合理。一旦发现有违法乱纪者应当立即处罚，毫不含糊。这样，能收到立竿见影之效，能使违法之人和未违法之人立刻看到，不遵纪守法的害处和损失，起到警戒的作用。否则，松松垮垮，时过境迁，就难以奏效。由于惩罚是一件非常严肃的事情，领导者在作出惩罚决定之前，必须以负责的态度弄清被惩罚者的错误事实、原因、结果甚至每一个细节，然后再根据有无犯错误的动机，错误带来的后果，改正错误的态度等客观情况，决定惩罚的方式。管理者绝不能道听途说，捕风捉影；也不能偏听个别人的反映，或攻其一点，不及其余。很重要的一点是，管理者对下级要一视同仁，纪律面前，人人平等，不能搞亲亲疏疏那一套。

古人讲："王子犯法，与庶民同罪。"如果不分是非，因人而异，一味庇护自己的人，管理者就会失去群众，威信扫地。另外，要在惩之有据的前提下做到罚之有度。根据犯错误的情节和后果，该批评的批评、该处理的处理。一般来说，只要错误不太严重，就不宜重罚。

在处罚的过程中，要讲究情罚交融，要教重于罚。无情未必真豪杰。管理者对有过失的部下，也要尊重、理解、关心，要关心他们的实际生活，为其排忧解难，让其充分体会到管理的温暖。但这不能以丧失原则为代价，也就是说，既要讲人情味，又不能失去原则性。切不可把人情味庸俗化。人情味要讲，原则性更要讲。讲人情只有在坚持原则的前提下，只有坚持了原则性，人情味才能更有效。进行惩罚，应把教育与惩处紧密地结合起来。一定要坚持思想教育在先，惩罚在后；要坚持以思想教育为主，以惩罚为辅。实施惩罚时，要"重重举起，轻轻打下"，平时教育从严，处罚从宽，思想批判从严，组织处理从宽，重教轻罚。运用惩罚前，如果不预告警示，势必使下级产生无过受罚之感，弄得人心惶惶，进而离心离德，背道而驰。所以，管理者要先教后罚，多教少罚，这样不仅能使犯错误的人减少，而且还能使人们心服口服，真正调动下级工作的积极性。

奖罚不是目的，而是手段

孩子画了一幅画，父母看见以后很高兴，大大表扬了他，但是却没有告诉他表扬他的原因是因为画的颜色很丰富。那么孩子不明其中原因，以后就会不停地画画，只重数量不重质量，希望再次得到父母的表扬。

很多管理者经常会犯事例中的错误。他们本来想鼓励员工做正确的事，但却无意间通过奖罚纵容了错误的行为，忽视甚至惩罚了正确的行为。

在团队里，管理者就好像员工的家长，他要对员工的行为负责。对员工的激励应该像写文章一样，中心思想要明确，表扬员工时候一定要说明表扬他的原因，这样才能有的放矢，取得良好的效果。假如只是模糊地称赞，说:“你做得不错！”那样对员工的意义就很小，管理者应该明确指出，员工哪些工作做得很好、好在哪里，让他们知道，公司希望他们能重复良好的表现。

下面这个寓言故事恰到好处地说明这个道理。

老约翰家有只特别聪明的牧羊犬，有一天，牧羊犬叼回一只野兔，约翰大大地表扬了它，给了它一条兔腿作为奖赏。牧羊犬吃着兔腿，尾巴得意地摇了起来。第二天，牧羊犬又叼着一只野兔回来了。约翰非常高兴，心想:“我的牧羊犬真是太了不起了！”

于是，又给了它一只野兔腿作为奖赏。但是，奇怪的事情发生了，等晚上羊群回来的时候，约翰数来数去，发现少了一只羊。他心里非常纳闷，想:“牧羊犬聪明伶俐，怎么会守不住这几只羊呢？”于是第二天早上他就跟踪了牧羊犬。到了牧场，约翰大吃一惊，他发现牧羊犬压根就不守羊群了，而是直奔森林里去抓野兔。因为没有牧羊犬的看守，狼轻而易举地就叼走了几只羊。约翰火冒三丈，当天晚上就把牧羊犬赶出了家门。

牧羊犬捉野兔获得了奖励，这使得牧羊犬意识到，捉野兔似乎比守羊更有利可图，于是它自然就不会全心全意地守羊了。但是，老约翰奖励的是牧羊犬在守羊的同时还能给自己捉到野味的功劳，而不仅仅是捕捉几只野兔却丧失了本职的行为。如果约翰在奖励牧羊犬时，让它明白它的主要责任是守羊而不是捉野兔，只有羊守好了它才会有奖赏，那它肯定就不会三心二意、舍本逐末了。

管理者必须明白，无论奖罚都只是手段，管理者需要通过奖罚达到团队管理的目的。大多数总经理都能够按照奖罚公平的原则办事；但是，在具体工作当中，他们却通常会不知不觉地违背这一原则。这种违背并不是故意造成的，而是由于对奖罚制度的理解不够深刻而造成的。

有一个叫刘森的人看准了能源日趋紧张这一市场形势，于是辞了铁饭碗，带着十多个技术人员，下海开了一家节能产品公司。创业初期，举步维艰，只有投入没有产出，一批研发人员跟着刘森一起加班，为了团队能够在市场大潮中生存下来，大家一起吃苦奋斗。

历经创业艰辛，几年后随着好几款新型节能产品的研发成功，团队得到了飞速发展。可是，正当刘森斗志昂扬准备筹划下一步发展的时候，跟随他一起创业的几位技术骨干突然同时提出辞职。这让一向自认为和员工关系不错的刘森无法理解：为什么当团队得到发展的时候他们却突然选择离开呢？原来，这几位骨干要走，是因为他们对公司有所不满。公司刚成立的时候，大家都是公司能赚多少就拿多少报酬；随着公司发展，基本仍是刘森给多少，大家就拿多少。虽然刘森开的工资也并不算少，但因为无章可循，没有一个考核标准，很多人觉得付出与回报不成正比。

更令刘森想不到的是，相当一部分员工对公司的奖励制度怀有怨言。特别是公司关键项目的核心设计人员，他们夜以继日地工作为公司的发展立下了不可磨灭的功劳，但是得到的报酬却跟普通员工差不多。同时，由于公司还处在发展阶段，刘森总是考虑把利润用于项目的再投资，想方设法缩减成本，很大程度上忽略了对核心员工的激励。员工工资数额的多少经常根据他的喜好，奖金数额更是没有依据，员工对此颇有一些看法。

从这个案例可以看出，刘森在管理公司的过程中，以个人兴趣和意志带起制度和标准，奖励随性，赏罚不明，没有认识到奖励制度会成为影响公司发展的大问题，结果引发核心员工不满或离职。

团队内部的奖罚制度要明晰、公平，不能随随便便奖罚。管理者必须要记住，唯有建立公平合理的奖惩制度，通过奖惩树立明确的价值导向，这样才能有助于团队的持续发展。

激励不一定与物质有关

一个老年人喜欢安静，他选择住在环境优美的市郊，但有一群孩子每天都到这里来玩，很吵。老人很厌烦这些小孩，不希望自己在如此吵闹的环境中生活，但是，如果直接撵他们走，恐怕也达不到他所预期的目标。于是他对孩子们说：你们来陪我，我很高兴，以后我每天给你们一人 5 块钱，孩子们都很高兴。几天后，老人说，以后给不了这么多了，每人只能给 1 块钱，孩子们不太高兴，但也勉强接受了。又过了几天，老人说，以后每天只能给1毛钱了。这次孩子们不干了，他们很气愤：这么少的钱，以后再也不来了！

当老人对小孩们的激励逐渐减少时，小孩们都认为自己的利益已经受到损害，不愿意再陪老人玩了。在这些小孩看来，过来玩是因为有物质的激励，当激励减少时，他们当然愤愤不平。老人成功运用反激励达到了自己的目的。

在团队管理中，管理者娴熟运用激励的措施，从不同角度激励员工为团队的发展而努力。激励现象存在于管理者的任何决策和行为之中。就个人而言，根据行为科学理论，只有尚未满足的需要才有激励作用，已经满足的需要只能提供满意感。需要本身并不能产生激励，对满足需要的期望才真正具有激励作用。当我们因为一个小小的成就而尝到甜头、受到激励时，我们会作出相对比较大的成就。

而在工作过程中，在能力一定的情况下，激励水平的高低将决定其工作成绩的大小。综合运用多种激励方法是有效提高激励水平的一大法宝。激励机制是否产生了影响，取决于激励方法是否能满足个人的需要。主要的激励包括如下几种：

（1）物质激励。通过满足个人利益的需求来激发人们的积极性与创造性。只对成绩突出者予以奖赏，如果见者有份，既助长了落后者的懒惰，又伤害了优秀者的努力动机，从而失去了激励意义。

（2）精神激励。通过满足个人的自尊、自我发展和自我实现的需要，在较高层次上调动个人的工作积极性。精神激励主要有目标激励、荣誉激励、感情激励、信任激励、尊重激励。

（3）任务激励。让个人肩负起与其才能相适应的重任，由社会提供个人获得成就和发展的机会，满足其事业心与成就感。

（4）数据激励。明显的数据对人产生明显的影响，激发强烈的干劲。数据激励，就是把各人的行为结果用数字对比的形式反映出来，以激励上进、鞭策后进。

（5）强化激励。对良好行为给予肯定，即正强化，使之能继续保持；对不良行为给予否定与惩罚，即负强化，使之能记住教训，不再犯同样的错误。

激励机制对个人的某种符合管理者期望的行为具有反复强化、不断增强的作用，在这样的激励机制作用下，团队不断发展壮大、不断成长。

奖励与惩罚并用

古罗马军队的一句最固定不变的格言是“好的士兵害怕长官的程度应该远远超过害怕敌人的程度”。这样值得夸奖的做法使古罗马军团的勇猛得到一定程度的顺服和坚定性，凭野蛮人一时的冲动是做不到这一点的。这就是美国西奥多·罗斯福总统引用的那句西方管理格言：胡萝卜加大棒。

美国第二十六任总统西奥多·罗斯福在谈到美国对拉美的政策时，提出了“温言在口，大棒在手”的著名战略，就是说一方面搞奖励，另一方面作好运用惩罚的准备。

“胡萝卜加大棒”是指运用奖励和惩罚两种手段以诱发人们所要求的行为。它来源于一则古老的故事。“要使驴子前进就在它前面放一个胡萝卜或者用一根棒子在后面赶它”。古典管理理论把人假设为“经济人”，认为人的行为是在追求本身最大的利益，工作的动机只是为了获得经济报酬，因而主张实行刺激性的工资报酬制度——差别计件工资制。这种理论认为，人的情感是非理性的，会干预人对经济利益的合理要求，团队必须设法控制个人的感情。

一个工厂的管理者在私下里谈到团队管理时，讲到了自己的经验："对这些工人来说，你稍微放松一下，他们就偷懒。"据了解，这个管理者经常突击检查，而且非常凶狠，每当他出现的时候，所有的员工都非常谨慎，生怕工作出一点儿差错。

管理者在运用各种激励手段对员工进行奖励的同时，也不能忽视惩罚的作用，在这场博弈中，既要有"胡萝卜"的奖励，又不能忘了"大棒"的警觉效果。要让员工知道，团队的制度、团队的规则如果被人打破，那么"吃螃蟹"的人就要受到惩罚。对待违反制度的员工，要采取相应的惩罚措施。

当然，任何一个有头脑的管理者都清楚，胡萝卜和大棒是一个事物的两个方面，有的时候要用胡萝卜，有的时候要用大棒，有的时候要一手拿胡萝卜一手挥大棒。这里的运用之妙必须有相当的经验和严密的思考。

冯异是刘秀手下的一员战将，他不仅英勇善战，而且忠心耿耿，品德高尚。当刘秀转战河北时，屡遭困厄，一次行军在饶阳滹沱河一带，矢尽粮绝，饥寒交迫，是冯异送上仅有的豆粥麦饭，才使刘秀摆脱困境。冯异治军有方，为人谦逊，每当诸位将领相聚，各自夸耀功劳时，他总是一人独避大树之下。因此，人们称他为"大树将军"。

冯异长期转战于河北、关中，甚得民心，成为刘秀政权的西北屏障。这自然引起了同僚的妒忌。一个名叫宋嵩的使臣，四次上书，诋毁冯异，说他控制关中，擅杀官吏，威权至重，百姓归心，都称他为“咸阳王”。

冯异对自己久握兵权，远离朝廷，也不大自安，担心被刘秀猜忌，于是一再上书，请求回到洛阳。刘秀对冯异的确也不大放心，可西北地区却又少不了冯异这样一个人。为了解除冯异的顾虑，刘秀便把宋嵩告发的密信送给冯异。这一招的确高明，既可解释为对冯异深信不疑，又暗示了朝廷早有戒备。恩威并用，使冯异连忙上书自陈忠心。刘秀这才回书道：“将军之于我，从公义讲是君臣，从私恩上讲如父子，我还会对你猜忌吗？你又何必担心呢？”

刘秀对告密信的处理，只是做出一种姿态，表示不疑罢了，而真正的目的，还是给大臣一个暗示：我已经注视着你了，你不要轻举妄动。一箭双雕，手段可谓高明。

现在绝大多数管理者开始注重管理理论的学习和研究，管理学也从以往的经验回归到理性状态。随之而来的是管理培训市场的发展与成熟。而实际上一些深谙管理的上司却不放弃用大棒的做法。

作为团队的领导者，要清楚“胡萝卜”和“大棒”之间的辩证关系，在给胡萝卜的时候满脸堆笑，挥舞大棒的时候能铁面无私。

第十一章

抓住人性，让不同特点的员工听从指挥

为好胜心强的人提供公平环境

如果管理者仔细观察，我们的身边总会有好胜心强的人。想出人头地并不是坏事，但是，如果他们采用不择手段达到自己的目的，管理者就要予以制止。如果是凭借真本事出人头地，我们当然应该提倡与鼓励，然而，一些人急于求成，采用不正当竞争手段，为了取得成功，有的人甚至不惜伤害自己的同事或下级。

杰克就是一个争强好胜的人。业务经理安娜要求他与彼特共同完成一份产品销售的策划方案。尽管是共同完成，每个人却要负责不同的内容，方案里会署上两个人的名字，而后交给经理审核，并召开部门会议讨论其可行性。其实，上级是有意考察他们两人的合作协调能力，把他俩安排到“一个锅里吃饭”。

杰克认为两人之间不存在合作，而是展开竞争。彼特认为，搭档之间重要的是合作，而不是相互争夺功劳。如果另一方以不公平的方式进行争夺，那么自己就有必要采取相应的行动。

果然杰克开始了他的攻击。在办公室的同事们面前说：“他绝对不可能按时完成，除非有我帮忙。”当彼特要他提供一些相关的信息资料时，杰克总是推三阻四地推托，不配合。但轮到杰克向别人要资料时，却露出一副胡搅蛮缠的嘴脸，材料得不到手，决不罢休。

杰克的这种行为，让彼特很气愤。以至于，彼特觉得他和这样的人合作就没什么好心情，想起杰克种种不正当的竞争手段就心烦意乱。然而工作中又不得不与他打交道，这使得彼特有一种沉重的心理负担。为此，他找到了经理安娜。

安娜通过从其他下级那里了解了情况后，帮助彼特分析情况，并为他提出下面几项策略：

1. 不要发脾气

如果发脾气，就会给在场的同事一个不好的印象，大家会认为自己没有涵养。如果上司看到了，认为自己没有策略能力，认为自己经受不了考验，认为自己凡事喜欢计较。回过头来，发脾气这件事就成了自己炒自己的鱿鱼了。

2. 坦然面对攻击

面对杰克非正常手段的争夺，不能表现得畏畏缩缩，而要在神色举止上表现得很坦然，像没发生什么事一样，不要让杰克看出你内心的恐慌、胆怯或失意，那他就认为达到了攻击的效果，就会加大攻击的力度，给自己招来更大的麻烦。

3. 保持工作热情

保持自己支配一切工作的架势，不给对方任何攻击的机会。不仅如此，还要保持自己积极进攻的态势，给杰克造成一定的压力，让他感受到，如果贸然进攻将有可能遭到最严重的后果。同时，将自己的工作做好，让对方找不到任何理由和借口。

还击对方的每一次进攻。可用冷嘲热讽的态度，戏弄取笑的方式，让对方感受到自己绝不是“软柿子”。

争夺者有一个心理特征，总认为自己变强则他人变弱，对这样的人，千万不能让对方认为自己弱小，哪怕自己真的弱小，也要用“吹气”的办法让自己变得强大起来。

对于身边的那些竞争者，我们要采取适当的措施。对于属于自己的胜利果实，将它进行严密的保护，防止被争夺者夺走；对自己的每一点胜利，层层设防，打下自己的印记。

对自己有意见的员工要团结

在管理工作中，不可能不出现矛盾，摩擦和误会也是不可能避免的。因为总有一些员工对管理者的工作方式不能完全接受，难免会产生意见，不管是对还是错，他们都会对你提出抗议。作为管理者，对这些人不能进行打击、报复。这样做会让你失去一部分员工对你的信任。

团结对自己有意见的员工，能够扩大自己在员工中的威信，进一步提高自己的魅力。

管理者要想真正团结对自己有意见的员工，首先要正确看待员工提出的意见，“无意见”在很多情况下，未必是好兆头。

某经理与一位员工进行交谈，该员工能力较强，对团队的工作项目有着很好的把控能力，由于他对该经理的管理方式、方法有成见，本来可以对此项工作提出很好的建议，但是他在回复时只是三个字“无意见”！此时的“无意见”可是大大的意见，长此以往，既不利于团结，也不利于工作效率的提高，更甭提整个团队工作的进步。

作为管理者，首先应该调整自己的心态。对自己有意见的员工，我们要心存感激，谢谢他对自己的提醒和帮助。很多时候我们都会疏忽，自己还不觉得有什么不妥，但是在他人眼里就能清楚地看到，对你提出警示并及时改正，在问题还很小的时候就消灭它！通过有意见的员工让自己更清楚地了解自己的不足，使自己能正确、健康的发展。从这个角度来说，我们应该感谢那些对自己有意见的员工。

作为管理者，要善于从员工的情绪中发现问题，要善于从“无意见”的态度探寻答案，善待别人，检讨自己，要让更多的员工关心自己的部门、关心自己的集体，要让“有意见”的员工多起来，这样，部门与单位的工作将会顺畅得多，工作效率将会显著提高。

管理者在领导活动中，不怕员工对自己有意见，重要的是发现意见和出现分歧后怎样处理。

（1）领导的气量要大，胸怀要宽大。尤其是被下级误解时，更要有一定的气量，不可遇事斤斤计较、耿耿于怀。

（2）对有意见的下级要主动。当上下级发生矛盾后，下级的心理压力往往要比上级大。此时，领导要主动接触，减缓下级心理压力，化解矛盾，不能坐等下级来“低头认错”，要为缓解关系创造有利的条件。

（3）下级遇到困难时要倍加关注。当那些反对过自己，对自己有成见的下级遇到困难时，领导更应关心，促其感化。

（4）敢于任用那些反对过自己，包括实践证明是反对错了的人。对那些反对过自己包括反对错了、知错改错的下级，只要他们确有真才实学，就要给予平等的任命，以调动他们的积极性。

给调皮的人施以重压

每一个管理者不得不正视一个现实，在自己的团队成员中，忠心而且努力工作的虽然是大多数，但是总有那么一些下级，成了最难管教的一类。用“调皮捣蛋”“令人头痛”这些词语来形容他们都不为过。他们花费了自己很大一部分精力，拖住了很大一部分人的工作效率，“搞定他们”是管理者必做的功课。

调皮捣蛋的下级虽然是个别的现象，但是如果处理不好，他们就会像传染病一样四处漫延。问题会变得越来越严重，坏风气有可能腐蚀整个团队。因此，调皮捣蛋的下级即使是个别现象，也有必要予以重视，切记不能放任自流。

王海是某物流公司的经理，下级有大学毕业科班出身的员工，有中学还没有毕业的拉货司机，各色人物无论知识、阅历、性情参差不齐。王海将这一班人物管理得服服帖帖，他总结自己的经验时，谈到了管理学上的“骆驼理论”。

人具有骆驼的某种特性。在骆驼的骆峰上压上重物，骆驼走起路来才平稳，才有节律，它们会顺着头驼一路安静地前进。遇到沙暴时，背负重物的骆驼也不会轻易随风而逃。而那些背上没有重物的骆驼，就成了最难以管教的家伙。它们四处张望，搜寻小草，“欣赏风光”，追逐异性，把工作当成了休闲时光。

如果上司处处依着下级的品性，那些下级就会认为自己“天下第一”，再也不会按照规章行事。当上司拿出威严来，他们这时候才会安静下来做点事。因此，对于管理工作者来说，切记“老好人做不得”这句俗语。

对个别人使用高压手段，对他们毫不手软，决不姑息迁就，以警示一批他们身后的潜在效仿者。

对于难管的下级，管理者又不能完全运用压服的办法。一般来说，对不同的员工存在的问题，上司要采取不同的做法。对那些故意窝工、怠工、工作效率低的员工，管理者可将工作定额，工作量与奖金挂钩；对偷工减料者、贪小便宜、故意挖墙脚、揩

正确对待“难缠”的下属

难缠的下属除了正文提到的，较为突出还有以下三种：

油者用监督的办法与奖惩相结合。

对故意刁难的下级，有效的方法是对他进行孤立，防止他的情绪在其他人之中扩散。孤立的方法如断绝他的外交与信息来源，拆散跟他在一起的人。

如果管理者高效率地搞定几位难管的员工，将有效地提高自己的管理水平，提高团队的战斗力，完成任务达到目标。

对殷勤的异性员工要保持距离

管理者可能会遇到来自异性下级的过分殷勤，这时，管理者要与其保持适当的距离，有意拉开双方的空间感，如果对方是一个有自知之明的人，自然会放弃继续献殷勤的行为。

风度翩翩的销售部王经理刚上任不久，就发现他的秘书对他似乎热情过度，每天早晨只要他踏进办公室就忙着帮他脱外衣，问寒问暖的，还特意多看他几眼，其眼神不乏脉脉之情。面对秘书如此的“温柔”，王经理感到终日不自在。如对其做法进行指责，又怕伤其脆弱的心灵，坏了上下级之间的和气，使工作不好开展。但每每见到秘书这样，又恼火万分。

如果需要管理者对他们明确拒绝，就需要有策略地拒绝。只有这样，才能促使他们改正不良意识，同时也有利于你和团队的发展。

当然，拒绝他们也得讲求方法，不能简单粗暴地进行批评，更不能因一时冲动而做出伤害下级自尊的事情。王经理可以对秘书说一句笑话：“你做这么多，不是想发工资时以此向我多要工资吧？”或者说：“我可没雇你做我的保姆，不该过问的事，就不要越俎代庖了，不然耽误工作，我可要扣你的工资啦！”如此一两句话，加上面带笑容，对方不仅不会感到十分尴尬，也会明白其用意。

下面介绍一些的方法：

1. **比较式拒绝**

拒绝别人本来就是一件难以开口的事，更何况是面对这样的下级呢？运用比较的方法对其间接拒绝，会更容易接受。有的秘书，对他的异性领导十分体贴。领导正在集中精力处理一份重要文件，可秘书不是问是否用咖啡，就是去打听一番领导的工作进程。

在这种情况下，管理者可以告诉他："我看张秘书很好！安安静静的。"

领导者用别的秘书做榜样，意在暗示下级不够安静，打扰了自己的工作。通过两相对照，这些异性下级自然会心领神会你对他的拒绝。管理者既没过分暴露自己的不满，又使下级能保住面子，同时也令下级认识到了自己的错误，能使其积极主动地改正错误。

2. **模糊式批评**

某单位为整顿劳动纪律，召开了员工大会，领导在会上说：最近一段时间，我们公司的纪律总的来说是好的，但也有个别人表现较差，有的迟到早退，也有的在上班时间聊天……

这就是一个典型的模糊式批评。他用了不少模糊语言："最近一段时间""总的""个别""有的""也有的"，等等。这样，既照顾了面子，又指出了问题，他没有指名，并且说话又具有某种弹性，通常这种说法比直接点名批评效果更好。

对于屡次表现过分殷勤的异性下级，你同样可以采取如此做法。

3. **指出错时也指出对**

对于那些过分献殷勤的下级，你应该明确指出他这种行为对他自己、对公司、对当领导的你及所有人的危害性。同时，也给他指出一条明路，教育他用能力、用学识、用良好的人格力量去赢得领导的赏识。如果他确能改正，并小有成绩，那你就应当适当鼓励他，这也有利于他向好的方面继续努力。

大多数领导在批评下级时，往往是把重点放在指出下级“错”的地方，却不能清楚指明下级应该怎么做才“对”。领导的态度对下级改正错误绝对有影响，要么有利于改正下级的行为方式，要么就会对下级造成一种心理压力，反而不利于问题的解决。

在指责下级的同时，领导者也应该指出如何做才是正确的。这样才能更具有说服力，使下级心悦诚服地接受你的批评，并依据你的批评积极主动地去改掉错误。

对桀骜不驯的部属要坦然相对

管理者在面对桀骜不驯的部属时，最好要坦然相对，保持适当的距离，以免发生纠纷。到底人与人之间在心理上保持怎样的距离更好呢？这里不妨参考一下“刺猬理论”。

刺猬是一种全身披覆着尖针一般的针毛动物。这种动物通常群体而居，自成一个小团体。天气寒冷时，它们往往直觉地彼此紧靠在一起。但由于彼此的针毛刺痛双方，它们又会离得远远的。然而离得过远却又禁不住寒冷，结果通常是彼此均保持在既能取暖，又不致刺痛对方的适当距离。

这个理论可适用于人与人之间的心理距离，如同刺猬的针毛一般，距离太远便觉不妥，太近则又彼此伤害，因此就得保持适当的间隔距离，方能相安无事。

就领导者与不好管理的部属来说，最好在彼此之间运用这个理论，保持互不伤害的适当距离，达到共存共处的大前提。

任何团体中都会存在着某些桀骜不驯、难以管理的部属，而许多领导者由于觉得对方不好管理，便往往避免指派工作给他们，对方也因此更加散漫，以致造成团体中的死结。不仅如此，这种情形在最高阶层的眼中看来，必然认为领导者缺乏统率能力，对领导者前途所构成的障碍自是可想而知。

某些部属之所以难以指挥，必有其潜在因素，或由于对方的傲慢使然，或由于对方心有不满，或由于领导者所下达的指令未得其法……总之，若先找出症结所在，然后设法加以解决，就不难使对方为公司贡献一己之力。

一般说来，领导者之所以感到下属桀骜不驯有以下几种原因：

1. 不够了解

管理者在对下属了解不深入的情况下，一般会从其气质、性格倾向、出身背景、平常的习惯等因素，自我判断出对方有不好管理的地方。

2. 下属反抗时

当下属反对领导的意见或忽视上司、批评上司，或持其他显而易见的反抗性态度等，管理者经常认为此下属不好管理。

之所以觉得对方不好管理，往往是由于个人先入为主的偏见所造成的。一旦消除心中所抱持的成见，就不难发现对方竟非常容易相处。当你发觉部属对自己有所误解，或由于部属本身的偏见而把你视为不好相处的人时，你必须主动与其沟通，设法消除彼此的心理障碍。

所谓“人心不同，各如其面”。领导者若能意识到这一点，当能坦然面对那些不易指挥的部属，而不致感到对方不好管理。

对“长舌”的员工要慎重对待

有些下级总是喜欢在背后说别人的坏话、挑拨离间，唯恐天下不乱，时间一长，直接影响团队的融洽氛围，和这样的人相处的确很难，但生活中这类人又客观存在着，领导者和他们相处，必须掌握一些诀窍。尤其是，当有下级在背地议论领导的是非时，这时，管理者更要慎重对待。

对于长舌下级的背后议论，管理者首先要以“自重”的形象去“说服”负面的是非。这就要求你平日待人处世诚恳、虚心；与不如自己的人交往，需要谦和、平等……和那些搬弄是非的人交往，则需要正直、坦荡。换句话说，就是对闲言碎语不听、不信、不传。看问题要全面，要有自己的见解。

除了“自重”，“互重”也是很重要的。背后议论别人是一种不道德的行为，帮助别人改正这种习惯也是应该的。帮助他人改变这种恶习行之有效的方法是：尊重对方，以朋友式的态度善意地规劝对方；想法巧妙地引导对方获得正确的认识人的方法。比如，当对方谈论他人时，可以先顺着对方的话，谈谈这个人确实存在的缺点，然后再谈谈他的长处，从而形成正确的结论。

除此之外，对付舌头长的下级还有几种常见而有效的方法：

1. 反应冷淡

不要以为把是非告诉你的人便是你的朋友，他们很可能希望从中得到更多的谈话材料，从你的反应中再编造故事。所以，聪明的领导者不会与这种人推心置腹。令他远离你的办法，是对任何有关你的传闻反应冷淡，无须作答。

2. 与“长舌”者保持距离

如果对方总是不厌其烦地把有关你的是非辗转相告，以致对你的情绪造成负面影响，你应拒绝和他见面或不接他的电话，此类人不宜过多交往。

3. 切记勿冲动

尽管你听到关于自己的是非后感到愤慨，你还须努力控制自己的情绪，保持头脑冷静。你可以这样回答：“啊，是吗？让他们去说好了。”或者说：“谢谢你告诉我这个消息，请放心，我不会与他们一般见识的。”如此，对方会感到无空子可钻，他也不会再来纠缠不休了。

对“恃才傲物”的人要适当引导

有的下级仗着自己才高就目空一切，恃才傲物，谁都看不起，包括自己的领导，但他又有一手好技术或绝活，团队离不开他。因此，领导者掌握这种下级的个性并学会适当引导，是非常有必要的。

身为领导者，必须拥有一颗宽容的心，时刻保持冷静以宽容的态度对待那名不把你放在眼里的下级，不仅仅是为了在他人眼中更进一步地树立你成熟稳健的形象，实际上你的做法本身也是对他的一种教育。

在美国前总统富兰克林·罗斯福还是个心高气傲的年轻人的时候，他曾在海军内的一个部门担任副官。而他的顶头上司是一位年长而和蔼的老人，他总是对罗斯福微笑着，尽管罗斯福常常对他显出傲慢无礼，甚至骂他“老古董”。上司几乎对罗斯福的每一个意见都仔细地考虑和研究，对其略加改动后立即采纳。这令罗斯福愈发自信，并且对工作投入了更大的热情。他们的合作渐入佳境，老人依旧和蔼如故，罗斯福却逐渐抛弃了激进傲慢的性格，他感到有种力量在改变他，但他却不知道那是什么。许多年之后，当他已不再是个毛头小子的时候，总是不自觉地回忆起那段时光，老人的无私豁达让他时常为自己过去的行为自责。同时，罗斯福也逐渐明白了老上司的良苦用心。

一个人狂傲未尝不可，有时狂还是优点。如果狂妄就不太好了，狂中带有妄想，虽然他是个人才，但自命不凡，以为自己是旷世之才，是天下第一。如果一个下级狂妄到了这种地步，那真是叫领导者头痛。如果领导者掌握了他的心理后，就可以有的放矢，采取有效的方法来和他接触。

1. 用其所长，切忌不予重用

恃才傲物的人，大都有一技之长，否则，也不称为“才”了。因此，领导者在看到他不好的一面时，一定要耐心地与他相处，要视其所长而给以任用，而绝不能因一时看不惯，就把他搁在一边不予以重用。

这样，只会让其产生一种越压越不服气的逆反心理，在需要用他的时候，他就可能会故意拆你的台。因此，领导者每碰到这种人，就要想想刘备为求人才而三顾茅庐的故事，毕竟你是在为整个集体的利益，而不是为你个人的利益在求他、和他接触，因此，在这种人面前即使屈尊一下也不算失人格。

2. 用其短挫其傲气

狂傲之人虽然在某些方面、某个领域内才能出众，但他仍有他的不足和缺陷。因此，领导者也可利用这点来让他自己看到自

如何管理恃才傲物的员工

在企业中，总有一些员工比较狂傲，他们或功勋卓著，或能力极强，但同时，他们的行为方式也往往会特立独行。如何对该类员工进行管控，是管理者必须认真考虑的问题。

心理平衡

恃才傲物，是一些有才干者的通病。企业恰恰用的也是才，作为管理者，不妨在小节上宽容一些，要有大度能容天下之人的气魄。

弹性管理

宽，有可能破坏制度的严肃性；严，有可能变管理为审判。管理者应尽量做到宽严相济，做到赏罚分明，激励和惩罚并用。

情感沟通

对狂傲员工来说，情感的沟通是填平管理者与被管理者心灵鸿沟的有效工具。积极的情感管理，会拉近彼此的心灵距离，也是减少内耗、理顺人际关系的“润滑剂”。

己的不足，以自我反省降低自己的傲气。

譬如，领导安排一两件做起来比较吃力估计完不成的工作让他做，并在事先故意鼓励他：好好做就行，失败也没关系的。如果他在限定的时间内做不出，领导仍然安慰他，那么，他就一定会意识到自己先前的狂妄是错误的，并从此改正。

3. 要敢于担担子，以大度容傲才

这种人干工作容易掉以轻心，即使再重要、再紧迫的事情，他们也会表现得漫不经心。所以，常常会因其疏忽大意而误事。作为上司，切不可落井下石、一推了之，要勇敢站出来替部下担担子，使他感到大祸即将临头，领导一言解危。日后，他在你的面前再不会傲慢无礼，甚至会对你言听计从。

第十二章

不做『瞎子』和『聋子』，沟通是不变的带兵法则

沟通带来理解，理解带来合作

有的管理者认为，工作团队必须以实现团队绩效为最终目的，沟通和交流往往被他们所忽视。在绩效为先的指导下，管理者与下级之间的沟通主要围绕工作、项目等展开，几乎不涉及个人的情感和生活。这样的沟通，可能让你拥有高效但不稳固的团队，却不能让你拥有高效且稳固的团队。

在一个团队中，要使每一个成员能够在共同的目标下协调一致地工作，就绝对离不开沟通。沟通，是人类活动和管理行为中最重要的职责之一。因此，团队成员之间良好有效的沟通是管理艺术的精髓，管理者必须拿出足够的时间进行交流。

孔子被困在陈、蔡之间，只能吃野菜汤度日。七天没尝到粮食，白天也只得睡觉。一天，颜回讨到一点米回来做饭，饭快熟时，孔子看到颜回抓取锅中的饭在吃。一会儿，饭熟了，颜回拜见孔子并端上饭食。孔子装作不知颜回抓饭之事，说："今天我梦见了先君，把饭食弄干净了去祭先君。"颜回回答说："不行，刚才灰尘落进饭锅里，扔掉沾着灰尘的食物是浪费的，我就抓出来吃了。"孔子叹息道："所相信的是眼睛，可眼睛看到的还是不可以相信；所依靠的是心，可是心里揣度的还是不足以依靠，看来了解人真的很不容易。"

被誉为"圣人"的孔子也需要通过沟通才能辨识人性，通过此次沟通，孔子和颜回的关系更加融洽。这个故事也给团队沟通管理一些有益的启示，哪怕管理者和员工个人所做的事都是对团队有益的，也不可忽视沟通的重要性。

在现代团队管理中，贯穿其中的一条主线即为沟通，任何团队的日常管理工作都离不开沟通。有效的沟通是团队高效率管理和经营必不可少的管理手段与管理范畴，它渗透了管理的各个方面与各层面、各环节。著名组织管理学家巴纳德认为，沟通是把一个组织中的成员联系在一起，以实现共同目标的手段。作为管理者，与员工交流思想，实现有效沟通，其重要性不言而喻。

要想成为一个优秀的管理者，管理者需要加强与下级的交流与沟通，倾听他们的真实想法，这样你才能知道他们的一些看法，及时发现问题，然后解决问题。

不过，有些人总喜欢给自己贴上“管理”二字的标签，有时会觉得下级的理解能力差，结果拉大了自己与下级的距离，缺乏有效沟通，极大地激发了下级的不满情绪。

“苹果公司有 2.5 万名员工，大约有 1 万人在专卖店工作。而我的工作是与 100 位高层人员合作，这就是我的工作。他们并不都是副总裁，有些人只是关键的单个研究员。因此，当一个好点子出现的时候，我的工作之一就是让大家都看看这个点子，了解一下不同人的看法，让大家就此展开讨论，甚至是辩论，让这 100 个人交流思想。”这是媒体问及乔布斯管理风格时，乔布斯的回答，乔布斯深谙与员工交流、沟通的重要性。

有关资料表明，管理者在管理过程中，与员工进行沟通的时间达到 70% 才算是合格的。其中，开会、谈判、谈话、作报告是团队管理者最常见的沟通方式，管理者还要对外拜访、约见等。

团队中大部分矛盾都是由于沟通障碍引起的，员工的执行力差、工作效率低，还有领导不力的问题，很大一部分原因是与沟通有关的。与下级适时地做一些思想交流，是很有必要的。

沟通很重要，但常常被人们忽视。没有沟通，就没有成功的团队。团队内部良好的沟通文化可以使所有员工真实地感受到沟通的快乐和业绩的提升。团队内部的沟通管理，既可以使管理层工作更加轻松，也可以使普通员工消除误解、提升效率，同时还可以增强团队的凝聚力和向心力。

沃尔玛总裁萨姆·沃尔顿曾说过：“如果你必须将沃尔玛管理体制浓缩成一种思想，那可能就是沟通，因为它是我们成功的真正关键之一。”

在沃尔玛总部的行政管理人员并不轻松，因为他们每周都要花绝大部分的时间飞往沃尔玛在世界各地所开设的商场，向有关人员通报公司的所有业务情况，并通过开会让所有员工共同掌握沃尔玛公司的业务指标。

在每个分店里，内部的有关人员都会定时公布该店的利润、进货、销售和减价的情况，他们并不单单只向经理们公布，也向每一个员工以及店内临时的计时工和兼职雇员公布各种信息，这样做主要是为了鼓励店内的每个人都能取得更好的成绩。

沃尔玛每次股东大会的规模都十分宏大，因为力求让更多的人参加，其中包括商店的经理与员工，其目的是让他们看到沃尔玛公司的全貌，让他们尽量做到心中有数，以便合理地安排具体工作。

为保持整个沟通渠道的畅通，沃尔玛与世界各个店内的工作团队保持沟通，注重收集内部员工的一些意见与建议，同时还时

常带领所有的人参加沃尔玛公司联欢会等。

要保持管理者与员工间真正的沟通，就需要团队建立有效、通畅的沟通渠道，将团队的相关信息都贯穿到内部的每个部门。这有利于消除员工与团队间的矛盾和隔阂，提高员工工作的积极性与团队整体的执行力，为团队谋取更大的利润。

在与下级加强沟通的过程中，管理者能够不断发现问题，并不断提高自己的管理水平。沟通是管理者不可忽视的一门课程，是值得每一个管理者好好学习的。一个善于沟通的管理者，才能把下级最好地糅合在一起，形成一个强大的整体。

许多管理者喜欢高高在上，缺乏主动与部属沟通的意识，凡事喜欢下命令，忽视沟通与交流。沟通是每个管理者都应该学习的课程，我们要将提高自己的沟通技能上升到战略高度。每个人都应该高度重视沟通，重视沟通的主动性，只有这样，我们才能够进步得更快，团队才能够发展得更顺畅、更高效。

用心倾听员工的心声和抱怨

员工对团队的抱怨其实也是反应团队真实管理问题的一种途径。很多时候，管理层不愿意倾听员工对团队的抱怨，甚至会通过各种途径来消除这种声音，这并不是聪明的一种做法。员工的抱怨并不一定就是错的，如果管理者认真倾听员工的抱怨，抓住几个员工最为关注的问题去落实解决，对团队的管理来说，可以起到事半功倍的效果。

美国的企业家亚克卡曾对管理者的倾听有过精辟的论述：“假如你要发动人们为你工作，你一定要好好听别人讲话。一家蹩脚的公司和一家高明的公司之间的区别就在于此。作为一名管理人员，使我感到满足的莫过于看到团队内被公认为一般的或平庸的人，因为管理者倾听了他遇到的问题而发挥了他应有的作用。”

倾听员工的抱怨也是沟通的重要组成部分。一个善于倾听的管理者，不但使谈话的人说得开心，自己也能够从谈话中得到有价值的信息。

倾听是管理者了解员工诉求的有效方式，然而，许多管理者不愿倾听，特别是不愿倾听下级的抱怨。其实，倾听是一个参与的过程，在这个过程中，管理者不仅要接受、理解别人的话，清楚他们的内心想法，更要为此做出必要的反馈。

抱怨很多时候是负面情绪的宣泄，但管理者倾听员工的抱怨，对员工来说是一种有效的沟通方式。这种发自内心的倾诉比客套的、一般性的交谈效果要好得多。当下级明白自己谈话的对象是一个倾听者而不是一个等着作出判断的管理者时，他们会毫不隐瞒地给出建议。这样，管理者和员工之间就创造性地解决了问题，而不是互相推诿、指责。

但是，如果下级陷入没完没了的抱怨，甚至不分对象地抱怨，管理者就需要用一些技巧了。

小唐是某电子公司的工程师，业务能力很强。公司让他管理一个项目组，然而，搞技术与做管理是完全不同的两回事。虽然他搞技术很在行，但在一无财权，二无人脉，既要顶住来自上面的业绩压力，又要管理自视颇高的知识型员工时，小唐的压力陡然增大。他抱怨员工不服管理是因为自己没有掌握财权，他抱怨公司不给支持导致各部门沟通不畅。而抱怨过后的结果是，他的领导没有给予更多关注。小唐也意识到，抱怨无异于证明自己无能，就干脆忍而不发，回到家里也不敢向正在孕期的妻子诉苦，最终竟然得了抑郁症。

实际上，小唐的领导并不是个好领导。如果他能及时与小唐沟通，倾听他的抱怨，给其心理疏导和支持，相信不会造成如此后果。

员工抱怨有时候是情有可原的。追求完美的员工、智商高但情商低的员工、过于自负和自卑的员工，是最易产生抱怨的人群。

作为管理者，要特别注意与之及时沟通。管理者应树立这样的形象：遇到任何问题请及时沟通，我会静心倾听，为你解困。在倾听中要不断认同对方的情绪："嗯，我理解。""我也有过这种体会。"事实上，认真倾听，本身就是化解抱怨的最好方式。

用心倾听是理解他人的第一步，也是建立信任感的前提。只有倾听过后，才会理解对方为什么抱怨以及抱怨的是什么，掌握了这些一手材料，才能从根本上解决问题。

作为管理者，应该学会倾听，不要总以为自己是管理者，只需要对下级发布命令。管理者需要坦诚相见，做一个忠实的听众，让下级说出自己的内心想法。

一个善于倾听的管理者，能够让沟通的渠道保持畅通，及时纠正管理中出现的一些错误，制定出一系列切实可行的方案和制度，促进团队的发展。

管理者倾听的过程，其实就是给予下级心理认可的过程。当下级对你说出自己的一些想法、倾诉自己的一番抱怨后，通过这种发泄，他就可以从你身上获得心理认可的满足感。而基于礼尚往来的心理原理，他也会认可你，并在内心无意识地觉得应该给予你相应的回报：加倍努力工作，证明自己是优秀的，是值得你关注和认可的。

管理者在倾听员工的心声和抱怨的过程中，需要注意以下几个方面：

1. 保持眼神交流

通常在倾听之前，我们要先与对方有一个眼神上的交流，借此告诉他："我准备好了，你可以说了。"而在倾听过程中，专注的眼神交流则可以告诉对方："我在认真听，请继续讲。"

怎样倾听

倾听并不是简单地听，而是要认真、专心且有效地听。你可以通过以下几个方面做到这点：

有效倾听

通过专心的倾听和积极的反应，你可以很好地进行沟通。当员工感觉到你在注意听时，他就会感到放松，而且会表述得更清楚些。

了解谈话的所有细节

做笔记。通过专心倾听，你可以获得很多细节，一定要做详细记录以备以后参考。这些记录对解决问题非常有好处。

询问员工的解决方案

让员工参与解决问题，能够缩短解决问题的时间，同时也可以让员工满意，并获得最大的满足感。如果问题很复杂的话，要和员工一起商议。

2. 作出积极回应

在沟通过程中，身体前倾、点头、微笑等积极的回应也非常重要。因为这在告诉对方，你愿意去听，并且努力在听。反之，如果倾听时面无表情或没有回应，对方会认为你不愿意或讨厌跟他谈话。

3. 给予理解

倾听的核心要素就是同理心。即暂时搁置自己的成见，尝试站在他人的角度来看待问题，并感同身受地体验他们的感受。事实上，一旦管理者能做到这点，员工就会认为上司是理解自己的，是自己可以信任和依靠的。这样，员工就会对领导者生出更多的认可感与归属感。

作为跟下级沟通的重要方法，积极的倾听是管理者改善部门氛围、提升员工绩效的重要方式。一个真正懂得倾听的管理者，无疑能在事业发展的道路上，走得更快、更稳、更高。

沟通时要善于观察

在沟通过程中，有经验的管理人员善于从对方的身体语言中捕捉到他们所需要的宝贵信息，如能恰当运用，这将为争取主动奠定坚实的基础。

1. 从眼睛中寻找沟通信息

眼睛是心灵的窗户。眼神是表情达意的最有力的手段之一。心理学家研究发现，眼睛的动作能传达出人类表情的主要信息，从而为我们的沟通设定良机。

一般而言，与人交谈时视线接触对方脸的时间正常情况下应占全部谈话时间的30%～60%。超过这一平均值时，可以认为对谈话者本人比谈话内容更感兴趣；低于平均值者，则可能被认为他对谈话者本人和谈话内容均不感兴趣。

倾听对方谈话时，几乎不看对方，那是企图掩饰什么的表现。倘若眼睛闪烁不定，是一种反常的举动，常被视为用作掩饰的一种手段或性格上的不诚实。

人们处于高兴、喜欢、肯定等情绪时，瞳孔必然放大，眼睛很有神；处于痛苦、厌恶、否定等情绪时，瞳孔就会缩小，眼睛必然无光；在一秒钟之内连续眨眼几次，这是神情活跃，对某事物感兴趣的表现，有时也可理解为由于个性怯懦或羞涩、不敢正眼直视的表现；瞪大眼睛看着对方是对对方有很大兴趣的表示。据说，古时候的珠宝商人已注意到这种现象，他们能窥视顾客的瞳孔变化而知道对方对货物有无兴趣，从而决定是抬价还是降价。由此可见，瞳孔的变化是非意志所能控制的。因此有人在某些场合，往往戴上一副有色眼镜，用以掩饰自己的内心活动。

2. 从嘴部动作中寻找沟通信息

除了眼睛，在面部器官中，嘴唇最能表现出一个人的内心世界。嘴巴，除了是摄取食物和呼吸的器官之一，也是说话的工具，它的吃、咬、吮、舔等多种动作形式，决定了它具有丰富的表现力，往往反映出说话人的思想情感。

如果一个人在注意倾听对方谈话时，嘴角会稍稍向后或向上拉。嘴唇常不自觉地张着，呈现出倦怠疏懒的模样，说明他可能对自己、对自己所处的环境感到厌烦，显得心不在焉。如果紧抿嘴唇，且避免接触他人的目光，可能表明他心中有某种秘密，此时不想透露。但有时紧紧地抿住嘴唇，往往也表现出意志坚决。

不满或固执时，往往嘴角下拉。噘起嘴是不满意和准备攻击对方的表示。遭到失败时，咬嘴唇是一种自我惩罚的动作，有时也表示自我解嘲和内疚的心情。

如果你是在一个标准的男人圈内进行自己的管理工作，那么你一定会碰到一些“老烟哥”。其实，作为嘴部动作的一个细节，在日常生活中抽烟时的动作极具表现力，它往往将一个人的心理和情绪状态不自觉地流露出来。

如有的人抽烟时，将烟朝上吐，这往往是积极、自信的表现，此时他的身体上部分姿势必然是昂首挺胸的；倘若将烟向下吐，则是情绪消极、意志消沉、有疑虑的表现；斜仰着头，烟从鼻孔吐出，表现出一种自信、优越感以及悠闲自得的心情。

如果吸烟不停地磕烟灰，表明内心有矛盾冲突或焦躁不安。这时的烟成了吸烟者减缓和消除内心冲突与不安的道具。有的人抽烟时将烟雾从嘴角徐徐吐出，这就给人一种消极而诡秘的感觉，一般反映出吸烟者此时的心境与思维比较曲折回荡，力求从纷乱的思绪中清理出一条令人意想不到的思路来。这种人看似神秘，其实内心很虚弱，云雾缭绕的外表，往往就是在掩藏自己的空虚与恐惧。

如果一个人点着烟而很少吸，表示在紧张思考或等待紧张情绪的平息。假使没抽几口就把烟掐掉，则表明想尽快结束谈话或已下定决心。

3. 从肢体动作中寻找沟通信息

通过对四肢和腰部的动作分析，我们可以判断出对方的心理活动或心理状态，借此把自己的意思传达给对方。

握拳是表现向对方挑战或自我紧张的情绪，以拳击掌是向对方发出攻击的信号。

微微抬头，手臂放在椅子或腿上，两腿交于前，双目不时地观看对方，表示有兴趣来往；手臂交叉放在胸前，同时两腿交叠，表示不愿与人接触。

用手指或铅笔敲打桌面，或在纸上乱涂乱画，表示对对方的话题不感兴趣，不赞同或不耐烦。

握手时对方掌心出汗，表示对方处于兴奋、紧张或情绪不稳定的状态；若用力握对方的手，表明此人热情、好动，凡事比较主动；手掌向下握手，表示想取得主动、优势地位；手掌向上，是性格软弱，处于被动、劣势或受人支配的表现；用两只手握住对方一只手并上下摆，往往表示热情欢迎，真诚感谢或有求于人。

如果把两手手指并拢放于胸部的前上方呈尖塔状，表明充满信心；手与手重叠放在胸腹部的位置，则表明他的谦虚、矜持、抑或心中感到不安，希望能得到理解或慰藉。

如果一个人见你就鞠躬、弯腰，表示谦逊或尊敬之意。再者，心理上自觉不如对方，甚至惧怕对方时，就会不自觉地采取弯腰的姿势。

倘使腰板挺直，颈部和背部保持直线状态，则说明此人情绪高昂、充满自信、自制力较强。相反，双肩无力地下垂，凹胸突背，腰部下塌，则反映出这个人正处于情绪的低谷，或者没有自信心，或者对前途感到沮丧失望。

重视员工的建议

古人说：“听君一席话，胜读十年书。”古代名相子产，以“不毁乡校”著称，便是广泛听取乡校中的议论，采纳雅言，鉴证得失，及时发现失误和长处，采取有效的措施。善于沟通的领导者可以通过听别人的议论，丰富自己的决策内容，从而赢得下级的尊重。

春秋战国时，齐威王在邹忌的讽谏之下，为争霸天下，下令悬赏谏言：“群臣吏民能面刺寡人之过者，受上赏；上书谏寡人者，受中赏；能谤讥于市朝，闻寡人之耳者，受下赏。”对提意见者奖赏，绝非一般君主可以做得到的。此令一出，进谏者“门庭若市”，“时时而间进”，一年后，“虽欲言，无可进者”。齐渐之兴盛，“燕、赵、韩、魏闻之，皆朝于齐”。

由此可见，善于倾听的作用有多大。在团队决策过程中，领导者享有最后拍板的权力。但之前的决策过程是一个极为重要的环节，在最后拍板决策之前，领导者要主动、虚心征求各方面的意见。

“言者无罪”是鼓励发言的基本保障，“言者有功”才是广开言路的终极武器。领导者要提倡人人争相发言的风气，首先要乐于听取下级群众的意见。

古往今来，成功的领导者都非常重视听取下级的意见。很多卓有成效的领导者有认真听取员工对工作的看法，积极采纳员工提出的合理化建议的习惯。员工参与管理会使工作计划和目标更加趋于合理，并且还会增强他们工作的积极性。

柯达公司创建伊始，为了改善公司的经营管理，创始人乔治·伊士曼就非常重视听取员工的意见。他认为公司的许多设想和问题，都可以从员工的意见中得到反映或解答。为了收集员工的意见，他设立了建议箱，这在美国团队界是一项创举。公司里的任何人，不管是白领还是蓝领，都可以把自己对公司某一环节或全面的战略性的改进意见写下来，投入建议箱。公司指定专职的经理负责处理这些建议。被采纳的建议，如果可以替公司省钱，公司将提取头两年节省金额的15%作为奖金；如果可以引发一种新产品上市，奖金是第一年销售额的3%；如果未被采纳，也会收到公司的书面解释函。建议都被记入本人的考核表格，作为提升的依据之一。

柯达公司的“建议箱”制度，从1898年开始实施，一直沿用下来。第一个给公司提建议的是一个普通工人，他的建议是软片室应经常有人负责擦洗玻璃。他的这一建议得奖20美元。设立建议箱100多年来，公司共采纳员工所提的70多万个建议，付出奖金达2000万美元。这些建议减少了大量耗财费力的文牍工作，更新了庞大的设备，并且堵塞了无数工作漏洞。例如，公司原来打算耗资50万美元，兴建包括一座大楼在内的设施来改进装置机的安全操作。可是，工人贝金汉提出一项建议，不用兴建大楼，只需花5000美元就可以办到。这条建议后来被采纳，贝金汉为此获得50000美元的奖金。

进入20世纪80年代以后，柯达公司的员工向公司建议更为积极。1983年和1984年两年有1/3以上的员工提过建议，公司由于采纳员工建议而节省了1850万美元的资金，为提建议的员工付出370万美元的奖金。柯达公司设立“建议箱”所取得的成果，吸引了美国不少团队。相当多的团队仿效柯达设立建议箱来吸收员工意见，改善经营管理。

可见，听取不同意见对管理者来说是一件非常“廉价的投资”，没有任何力量比思想的力量更强大，没有任何团队比拥有善于提意见的员工和善于听取意见的管理者的团队更优秀。

对于管理者来说，沟通不仅要善于听，听了还要想。如果听

了就当耳旁风，左耳进，右耳出，就无异于竹篮打水。矫枉过正也不对，如果听了都牢牢记住，不加区分和择别，听一句记一句，则又会使自己陷入“听而不思则罔”的困境。

在处理比较复杂棘手的问题时，一定要深思熟虑。单个人的想法毕竟有限，不妨听听来自各方面的意见，然后权衡利弊，综合判断，得出结论。博采众议最大的好处在于获得人心。善于倾听别人的议论，会使别人心中产生受重视的感觉。

意见大多分为两类：一类是有关计划或方案策略的计谋意见。另一类则是指正工作得失、正误的批评性意见。对于前者，既要虚心听取，又不可偏听偏信。要善于区分，不可盲从。对于后者，最重要的是态度，所谓“忠言逆耳。”谁都不愿被人指责缺点，但襟胸坦荡的领导者能够做到虚怀若谷，批评无论对与错、恰当与否，都应欣然接受。

管理者要学会当众讲话

从某种意义上来说，当众讲话就是一种生产力。战国苏秦、张仪合纵连横，三国孔明舌战群儒，孙中山宣传爱国……当今的时代，人们的生活节奏越来越快，活动空间越来越大，人际交往比任何时代都频繁，管理者当众讲话的作用越发重要起来。有人这样形象地比喻：演讲在车间，流汗只等闲；演讲在军营，热血在沸腾。在课堂、在舞台、在社交场所，管理者需要与其他人进行交流，就需要高超的当众讲话的能力。不论是开（闭）幕词，还是主持会议；不论是商务宴请，还是商务谈判；不论是接受采访，还是与下级沟通，都需要当众讲话与沟通表达的能力。

管理者经常当众讲话，按讲话的群体可以分为两大类：一是对内讲，一是对外讲。对内讲话最重要的目的在于凝聚人心，对外讲话的目的在于实现沟通，领导者通过当众讲话，可以展现自己的领导力。

作为领导，需要把组织的文化灌输给下级，或者把专业的技能传授给下级，或者有些疑惑需要与下级沟通，这些都离不开当众讲话。当众讲话的能力已经成为现代领导干部工作能力的重要部分。

李攀的第一份工作是销售，销售的活儿并不好做。他不会主动去拉客人来店里参观，只有他们主动过来问他，他才会给他们介绍一下产品的优势。如果客人说想去别的地方看看，他也不知道该怎么才能留住客人。不仅如此，有些客人因为看到李攀一紧张就说不出话来，干脆掉头就走，让他白白错失了不少生意。

“我就想把话说清楚说好，所以有时会把话在肚子里滚好几遍，可人也越来越紧张，以至于到最后竟然什么也说不出来了。”李攀这样说自己在销售工作初期的体验。

当李攀成为区域销售经理后，新的问题也随之产生，往往是同事听了自己说的内容，最后的结果却和原本的目标相差十万八千里，“一开始我会很愤怒，直接对着下级咆哮，导致双方情绪都很糟糕，工作效率也很低。”

后来李攀的工作岗位几经转换，面对的受众再度发生变化，但他越来越喜欢当众讲话了。“我会把自己想象成编剧、导演以及演员，何时该说什么，何时该做什么都会提前做好准备，也会对可能发生的场景进行预案设置。”

实际上，当开始在众人面前演说时，李攀还是会觉得紧张，“不能让别人发现这点。我会面带微笑，并用坚定的眼神看着某个听众，然后再转移到另一个人。说话时眼神飘忽会让人觉得你没有自信。”除此之外，“根据对方的眼神、肢体动作、微表情等来猜测他当时的想法以及情绪，适当地调整自己所讲的内容、语气及速度，会有更好的效果产生。在综艺节目中学到的时髦词汇，有时用来调节气氛会起到意想不到的效果”。

现在已经成为一家团队副总的李攀这样总结说：“反正每个人都要说话，倒不如主动讲话，用更加开放的方式与人沟通，这就

管理者当众讲话的误区
如果存在下列讲话误区中任何一种，即使你在其他方面表现得非常出色，你的讲话仍然将丧失它的大部分效力。
他到底在说什么呀，一会儿说这个，一会儿说那个！
目的不清
你希望通过特定的方式来激发员工，但是他们绝对无法由你的东拉西扯中摸清楚你的目的所在。
听不懂，专业术语太多了！
充斥过多信息
你用细节性的信息大大加重了员工的负担，而那些信息中有些是过于技术性的，大部分则毫无必要。
讲的什么啊，像念稿子似的……
声音单调，应付了事
你深信自己的主题并为之激动不已，但你的声音和讲话方式并没有相应投射出你的感觉。

是现代社会中最省时省力的方式。”

当然，当众讲话的能力是一个综合的能力，不仅要求领导干部敢讲，还要求领导干部能讲到听众的心坎里。如果某个领导干部在台上念报告，即使这种讲话持续四五个小时，也不会有人佩服这种当众讲话的能力。

领导者提升自己当众讲话的能力，需要通过视觉和听觉传递给听众。一个人讲话声音很悦耳，内容很精彩，会让听众产生听觉上的享受；一个人讲话表情丰富，肢体配合，会在视觉上拉近与听众的距离。

在很多员工面前，需要表扬某下级。我们用三种方式对自己的下级说:“你做得真不错！”

第一种，面部不带有任何表情，就连脸上的肌肉也不动，说:“你做的真不错！”

第二种，微笑，嘴角翘起来，眼睛笑眯眯，再开口说:“你做的真不错！”

第三种，微笑，伸手拍拍对方的肩膀，然后右手伸出大拇指的同时，说:“你做的真不错！”

同一句话，我们三种方式来说，哪种效果最好?

毫无疑问，一定是第三种最好。因为第三种让员工真正感受到了重视。

领导者要提升自己当众讲话的能力，必须学会“口手并用”，让自己的话能真正深入到听众的思想中。事实上，当员工和一个优秀的领导交谈时，领导讲话可能很少，但却始终有一种被吸引、被了解的感觉。

管理者完全可以成为一名出色的演说家。当众讲话的技巧是可以学习的，而不断的学习为演讲能力的提升提供了源源不绝的动力。所谓口才不佳，只是为自己找借口罢了。经过多次的尝试与体验，就能学会讲话技巧。通过不断的多学、多练、多揣摩，你也会成为大家欢迎的演说家，你说出来的话自然有力且有分量。

领导干部想把人带领好，把事处理好，把物管理好，就必须导之于言而施之于行。当众讲话贯穿领导活动和领导过程的始终，离开了讲话，交流是无法实现的。讲话艺术是领导干部不可缺少的一门才学，讲话水平的高低，直接关系到领导工作的成效和领导者的威信。毫不夸张地说，谁掌握了讲话艺术，谁就拿到了走向成功管理的护照。

我国古代大思想家荀子这样说过：“口能言之，身能行之，国宝也；口不能言，身能行之，国之器也；口能言之，身不能行，国用也。”一流的管理者需要“会做”也“会说”，提升管理者当众讲话的能力理应受到重视。

选择最合适的沟通方式

为什么在日常工作中很多下级的工作不能得到管理者的肯定呢？甚至有人对自己的领导产生了抱怨？追究深层次的原因，大部分的管理者都没有做好与下级的沟通工作。下级对工作理解不透，管理者因为沟通效果不佳而苦恼，却想不到好方法解决沟通的难题。

有的管理者在无法与员工沟通时，认为是员工的理解能力有问题，说自己在对牛弹琴。其实从对牛弹琴的这个成语故事中，我们就会了解沟通不畅是谁的主要原因。对牛弹琴说明沟通方式有问题，对“牛”并不需要用“弹琴”来沟通，因为牛本来就不懂“琴”。

鲁迅先生说“焦大不会爱上林妹妹”，这是因为他们的沟通本来就存在着鸿沟。在团队管理的过程中，选择最合适的沟通方式至关重要。

管理沟通方法多样，而我们的主动沟通者应该从多渠道、多角度思考可能存在的解决办法。沟通的类型还可以按照组织系统划分为正式沟通与非正式沟通两大类，其中：

（1）正式沟通。是指通过组织明文规定的渠道进行的信息传递和交流。如团队的汇报制度、会议制度，按组织系统逐级进行的上级批示的下达或下级情况向上级反映等。正式沟通是通过组织明文规定的渠道进行的，其优点在于沟通效果好，具有较强的约束力，一般较重要的信息通常都采用这种方式沟通，但它也有弊端，比如沟通速度慢，不易沟通感情，会给沟通带来重重麻烦，这些麻烦就需要依靠平时积累的相关经验进行排解。

（2）非正式沟通。非正式沟通是在正式沟通渠道之外进行的信息传递和交流，如员工之间私下交谈，各抒己见，许多人相聚议论某人某事以及传播消息或同人们举行非正式的群体娱乐活动等。正式沟通一般是规范化的沟通方式，而非正式沟通却是非规范化的沟通方式。沟通中要注意甄别信息，不要被流言蜚语所干扰，以至于混淆视听，使信息失真。

员工之间、员工和管理者之间需要交流，管理者必须垂询他们对团队发展的意见，耐心倾听他们提出的疑问，并有针对性地解答。当然，如果团队面临一些困难，也该向他们阐明，并告诉他们，这个时候团队需要他们的帮助与努力。

1994 年，波音公司经营遇到了困难，新总裁康迪一上任，便邀请高级经理们到自己的家中共进晚餐，然后在屋外围着一大堆火讲述有关波音的故事。康迪请这些经理把不好的故事写下来扔到火堆里烧掉，以此埋葬波音历史上的“阴暗”面，只保留那些振奋人心的故事，下级们因此受到鼓舞，团队也因此渡过了难关。

在康迪的示范下，团队高层管理者也常常和员工一块儿讲故事，发展到后来，讲故事成了波音公司在管理中的一条不成文的规定。

沟通看起来很简单，但能否按正确的方式沟通，让员工心悦诚服非常关键。选择不同的沟通方式，所起到的沟通效果也是截然不同的。

当团队员工之间欲沟通而不能见面时，是用电话留言还是用电子邮件？这在很多人看来似乎不成问题，但在 2002 年惠普公司兼并康柏公司时，它却成了问题。

原来，惠普的员工都喜欢用电话留言沟通，而康柏的员工则喜欢用电子邮件。当双方合并后，一场争端便从此点燃。

原康柏员工，即使坐在其他员工的旁边，也喜欢发电子邮件，这令惠普员工心里很不舒服：“近在咫尺，你干吗不先打声招呼？”而惠普员工给对方留言后，如果没有得到及时回复，更是恼火：“你怎么这样对待工作！”但康柏员工同样振振有词：“如果我用电话回复，到时候你赖账不承认了，我又没有凭据，说得清吗？”而惠普员工则反唇相讥：“人都是感情动物，你没头没脑张口就要办事，我知道你是谁？再说，我每天接收的电子邮件多着呢，哪有工夫理你？”……

就这样，由于沟通方式不一致引发的争论此起彼伏。孰优孰劣，孰是孰非，没有人能说得清。

按以前惠普的要求，公司会找第三方进行检查，要求员工不管身居何处，每 24 小时至少听一次留言信箱，否则就要向公司进行解释。于是惠普员工就有了一个颇为独特的行为习惯：不管到哪个地方，员工先找电话接听自己的语音信箱。但惠普员工并不担心对方赖账，因为只要你赖一次账，以后你就会被整个环境所排斥，这就是惠普的文化。而在原康柏，根本就没有语音留言系统，只靠电子邮件，一来二去，迅速快捷，“白纸黑字”，清清楚楚，但在惠普员工看来这实在不近人情。

怎么办？最终，新惠普公司更多地借鉴了原康柏的做法，在不便见面时，以电子邮件为第一沟通手段，避免出现差错。同时公司给原康柏员工也配备了留言系统，但不再监督检查。

要想实现有效的沟通，除了当事人要具备良好的沟通技巧，沟通方式的正确选择也是非常重要的。

在一个团队里，如果不能有效地沟通，就不能够有效地协作。沟通是管理的高境界，许多团队管理问题多是由于沟通不畅引起的。良好的沟通建立在合适的沟通方式的基础上。沟通可以使人际关系和谐，可以顺利完成工作任务，达成绩效目标。沟通不良会导致生产力、品质与服务不佳，使得成本增加。

图书在版编目 (CIP) 数据

如何管员工才会听，怎么带员工才愿干 / 张卉妍著
. 一北京：北京联合出版公司，2019.7（2021.10 重印）
ISBN 978-7-5596-3292-0

Ⅰ . ①如… Ⅱ . ①张… Ⅲ . ①人力资源管理—通俗读物 Ⅳ . ① F241-49

中国版本图书馆 CIP 数据核字（2019）第 109073 号

如何管员工才会听，怎么带员工才愿干

著　　者：张卉妍
责任编辑：昝亚会　夏应鹏
封面设计：李艾红
责任校对：胡宝林
美术编辑：张　诚
插图绘制：圣德文化

北京联合出版公司出版
（北京市西城区德外大街 83 号楼 9 层　100088）
三河市兴达印务有限公司印刷　新华书店经销
字数 310 千字　880 毫米 ×1230 毫米　1/32　7.25 印张
2019 年 7 月第 1 版　2021 年 10 月第 5 次印刷
ISBN 978-7-5596-3292-0
定价：36.00 元

版权所有，侵权必究
未经许可，不得以任何方式复制或抄袭本书部分或全部内容
本书若有质量问题，请与本公司图书销售中心联系调换。电话：（010）58815874